アメリカの本気を見誤り、中国を「地獄」へ導く習近平の狂気

石平
Seki Hei

ビジネス社

はじめに

本書発売の時点で4分の3が過ぎた2018年は、中国の習近平《しゅうきんぺい》政権にとっては内憂外患の年であり、失敗と挫折の連続であった。

今年の6月下旬、中国江蘇省鎮江市で、待遇改善を求めて集まった数千人規模の退役軍人のデモ隊が警察当局と衝突、多くの負傷者が出た事件が起きた。その後、全国各地から退役軍人たちがデモ隊応援のために続々と鎮江市に集合してくるような緊迫事態も起きた。共産党政権を支える最大の基盤である人民解放軍の元兵士たちが警察と衝突するような事態は、共産党政権にとっては深刻な危機と言うしかない。彼らの存在と動向は今後、共産党政権を一発で吹っ飛ばすような威力のある時限爆弾となるのだ。

7月4日、ひとりの若い女性が習近平主席の顔写真ポストに墨をかけて「習近平独裁反対！」と叫ぶ事件が上海で起きた。その時の映像がネットで拡散されると、全国のあちこちで似たような行動を取る人が続出して、習近平独裁に対する多くの国民の不満と反発が一気に噴出することとなった。そしてそれにともなって、各地では習近平の写真ポスターや肖像画を撤去する動きが広がり、当局が無理やり進めてきた「習近平崇拝」は早くもかげりを見せた。

そして8月から9月にかけ、日本円で約21兆円規模といわれるネット金融のＰ２Ｐの破綻が相次ぎ、各地で抗議デモが起きていた。もちろん、Ｐ２Ｐの破綻はたんなる序の口。国内の負債総額がＧＤＰの３００％超に達している中国では、本格的、かつ全面的な金融破綻がいつ起きてもおかしくない。いまは嵐のやってくる前夜だ。

海外に目を向けると、習近平政権の狼狽《ろうばい》ぶりはよりいっそう目立っていた。今年の5月にＥＵ（欧州連合）の27加盟国の駐中国大使が共同で中国の「一帯一路構想」を厳しく批判したかと思えば、8月になると、マレーシアのマハティール首相はよりによって訪問先の北京で、自国における「一帯一路」関連事業の中止を堂々と表明した。習主席肝煎《きもい》りの「一帯一路」構想は始まってから5年、すでに風前の灯《ともしび》となっているのである。

その一方、中国はいま、アメリカに仕掛けられた貿易戦争で苦しんでいる最中だ。7月６日、米国政府は３４０億ドル分の中国製品に対する25％の制裁関税を正式に発動。８月

8日にはさらに、１６０億ドルの中国製品に対する追加関税の発動を発表した。中国が同規模の報復関税を発動すると、アメリカは今度、２０００億ドル分の中国製品に対する追加関税のリストを発表した。

しかし中国には、それ以上にアメリカに対抗する手段はない。中国の毎年のアメリカからの輸入品はせいぜい１５００億ドル程度であるからだ。習政権は当初、「やられたら必ず報復」との強気の姿勢でトランプ大統領を恫喝《どうかつ》してきたが、それは完全に裏目に出て、逆にトランプ大統領の闘志をかき立て、さらなる報復を招くこととなった。

もしアメリカが予定どおり、２０００億ドル分の中国製品に追加関税を課する措置を発動すると、それは中国経済にとっての破滅的な大打撃になりかねない。内需が決定的に不足している中で、中国経済はずっと輸出の拡大で成長を支えてきたが、アメリカこそは中国最大の輸出相手国、最大のお得意様だ。対米輸出が高い関税によって止められると、中国の輸出産業が深刻な不況に陥り、すでに傾いた経済はさらに転落していくこととなろう。しかも、輸出向け企業の大量倒産によって大量失業の拡大は避けられない。農村からの出稼ぎ労働者を主力とする失業大軍が膨らんでいくと、中国史上恒例の流民による大反乱、すなわち天下大乱の発生は現実味を帯びてくるであろう。

こうして見ると、習近平国家主席と彼の率いる中国共産党政権は内外からの危機にさらされて窮地に立たされていることは明らかである。さらに驚いたことに、こうした危機打開のために、習主席は何の妙策も打ち出していないことだ。米中貿易戦争に関しても、彼自身が先頭に立ってそれを回避しようとした痕跡はまったくないし、当事国の元首として公の場で見解のひとつすら表明していない。それどころか、「やられたら報復するぞ」という一点張りの硬直な対応策に徹した結果、習近平政権はまんまとトランプ大統領の罠にはまって勝ち目のない貿易戦争に突入してしまった。

こうしたなかで習近平は、よりいっそうの愚策に出た。9月3日に北京で開かれた中国・アフリカ協力フォーラムで、習主席はなんとアフリカ諸国に対する600億ドルの援助を発表したのだ。彼はこれをもって大国指導者としての「風格」を示し、アフリカに対する中国の新植民地政策を進めようとしたが、国民の多くが金融危機で苦しんでいる最中、国の富を湯水のように使ったバラまき外交は国内の不満を高める結果となっただけでなく、2000億ドル分の中国製品に対する制裁関税を発動するかしないかを最終的に決めかけているトランプ大統領をよりいっそう刺激することともなった。

この文章を書いている9月5日現在、2000億ドル分の中国製品に対する米国の制裁関税が実際に発動されるかどうかは未定であるが、アフリカに対する習近平のバラまき外交は、トランプ大統領に最後の決心をつけさせる要因のひとつとなっていくのかもしれない。そして、この史上最大の制裁関税がいったん発動されていたら、中国経済が破滅的な打撃を受けるだけでなく、貿易黒字の激減によって習主席がバラまき外交の財源として使える外貨も底をつくこととなろう。

独裁者の習近平のやっていることのすべては、自らの首を絞めて中国という国を破滅の道へと導いているとしか思えない。これほど愚かな指導者が権力を独占して毛沢東以来の大独裁者となったことの理由はいったいどこにあるのか。それこそは謎だ。そして習政権の一連の致命的な失策と失敗の背後にある、習近平自身の弱点と彼の政権の低能さ・硬直さはいったいどういうものなのか。それはまた、中国問題に関心を持つわれわれの知るべきところだ。

本書の仕事は、まさにこれらの謎と問題に対するひとつの答えである。去年秋の党大会以来の中国の政治と経済の動向、とくに習近平政権の動向に対する考察から、習近平という愚かな独裁者の本性と習政権のいびつな性格を分析したうえで、中国の今後を予測しようとする内容である。そこから見えてくるのは、２０１９年から始まるであろう中国の経済と政治の破綻と社会的不安の高まり、そして覇権主義的戦略のよりいっそうの先鋭化である。

もちろんそれらはすべて、日本になんらかの影響を及ぼすこととなるから、われわれとしては今後、中国情勢と習政権の動向から目を離せない。そして本書がもし中国情勢と習政権の性格に対する皆様のご理解の一助となれば、これほど嬉《うれ》しいことはない。

最後には、本書の編集と刊行を自ら担当されたビジネス社の唐津隆社長には厚い御礼を申し上げたい。本書を手にとっていただいた読者の皆様にはただひたすら、頭を下げて心からの感謝を捧げるばかりである。

なお本書はメールマガジン『石平の中国深層ニュース』、同『石平のChinaWatch』をベースに、最新の現地情報やその後の国際情勢の変化、メルマガ執筆時には気付かなかった視点を加え、大幅に加筆したもので、早いものでこのシリーズ第4作目を迎える。

平成30年晩夏
独楽庵にて

石平

第3章　世界最悪の監視社会の誕生

第4章　変わらぬ貧困と矛盾

第5章 アメリカの本気を読めなかった中国

第6章 米中貿易戦争は経済構造の弱みを徹底的に突かれた中国の惨敗に終わる

終章　高成長のツケを払う時代に突入する中国

第1章

幕をとじた集団指導体制

明らかに異変が生じている習近平一強体制

文脈無視の不規則発言を行った天津市党委書記

今年7月23日、「天津《てんしん》市生態・環境保護大会」に出席した天津市共産党委員会書記の李《り》鴻忠《こうちゅう》は次のような講話を行った。

講話において李鴻忠は「生態文明と環境保護」の重要性を語った上で、「習近平の生態文明思想」にも言及した。そしてその文脈のなかで彼は、「われわれは断固として習近平総書記の核心的地位を守り、党中央の権威と集中的・統一的指導に従わなければならない」と強調した。

この発言を聞いて、唐突感・違和感を抱いた中国人は多かったはずだ。なぜなら、李鴻忠の出席した会議は生態と環境がテーマであり、そこで語られているのは汚染対策や環境保護などの議題であるからだ。

このようなテーマと「習近平総書記の核心的地位」云々《うんぬん》とはなんの関係もない。そこで吐かれた「われわれは断固として習近平総書記の核心的地位を守る」という李鴻忠の発言は、まったく文脈無視の不規則発言と言うしかない。彼はいったい、なんのためにこのような不規則発言を行ったのか。

実はいままでも中国共産党の指導者、あるいは地方委員会や地方政府の指導者たちは重要会議の席上、会議のテーマや文脈と無関係な不規則発言を行うことがあった。

日本の場合、総理大臣は毎日のようにぶら下がり会見に臨み、地方自治体の首長も頻繁に記者会見を行い、その都度、なんらかのメッセージを発信することができるが、中国の場合はそれがないからである。

したがって、中国の高官たちは自らメッセージを発信したいとき、公に開かれる「○○会議」が絶好の機会となるのである。

どうしても言わなければならないことがあるとき、彼らは往々にしてこの「○○会議」のテーマや議題を無視し、こじつけであったとしても、とにかくメッセージを発信する。

前述の「われわれは断固として習近平総書記の核心的地位を守る」という李鴻忠発言は、まさにその典型といえた。そのときの彼にとって最大の優先順位はその一言であるから、会議のテーマや文脈はどうでもよかった。彼はその一言を発言するために会議に出席したのだと思う。

つまり李鴻忠はその場でどうしても、「われわれは断固として習近平総書記の核心的地位を守る」の一言を吐いておきたかったのだ。その理由のひとつは当然、この数年間における彼の一貫した政治的スタンスにある。

長老が連名で送りつけた「習近平個人崇拝」に対する反対提言書

2016年9月まで湖北省共産党委員会書記であった李鴻忠は、同年9月に直轄市である天津市共産党委員会書記に栄転、2017年10月開催の共産党大会（十九大）で政治局員にも抜擢《ばってき》された。

習政権の下で彼がそれほどの出世を成し遂げた理由のひとつは、湖北省党委員会書記時代の2016年1月に、彼は「習総書記は指導的核心であり、われわれはその核心的地位を守らなければならない」と、全国の地方指導者のなかでもっとも早い時期から「習近平核心論」をブチあげたひとりであったからだ。

李鴻忠はこれで習近平に忠誠の姿勢を示し、習の個人独裁体制の確立にも尽力した。それ以来、彼は習近平総書記の忠臣のひとりと目され、いわばバリバリの習近平派となった。

そういう意味では、李鴻忠が前述の会議で「断固として習近平総書記の核心的地位を守る」と語ったのは、彼の一貫した政治姿勢によるものではある。しかし前述のように、会議のテーマや文脈を無視して唐突にこの言葉を発したもうひとつの理由はやはり、彼はこの時期に、この発言を重要なメッセージとして発信しておかねばならないと考えたからであろう。

日本でもすでに一部で報道されているが、今年の7月に入ってから、一見磐石に見えた習近平一強体制に〝異変〟が生じてきているのである。

ひとりの若い女性が習近平の顔写真ポスターに墨をかけ「習近平独裁反対！」と叫ぶ事件が7月4日に上海で発生して以来、全国のあちこちで類似事件が起こった。当局の命令下、習近平の顔写真の入ったポスターや習近平礼賛の看板、横断幕が撤去される動きが全国で始まった。

新華社系のニュースサイトである新華網は、華国鋒《かこくほう》元主席の「個人崇拝」の問題を指摘する過去の文章を再掲載して、ここにきて非常に目立ってきた習近平に対する個人崇拝の動きを暗に批判した。

そして江沢民や胡錦濤、温家宝《おんかほう》などの長老たちが連名で「習近平個人崇拝」と「習近平独裁」に対する反対の提言書を党中央に送り、その是正を求めたという未確認の情報も流れてきている。

また、トランプ政権による米中貿易戦争の発動を未然に防げなかった責任、対米外交をこれまでになく悪化させた習近平の責任を問う声が党、政府内で高まってきているとの情報もある。

保身のための様子見の状況となっている習近平派幹部

こうして見てくると、いま習近平一強体制が成立以来最大の危機にさらされていることがよくわかる。

だからこそ、前述の李鴻忠のこの時期における発言の理由が手に取るほどよく理解できる。

主人の習近平が政治的危機に陥って「核心的地位」が不安定になったからこそ、「忠臣」である李鴻忠は公の会議を使って、会議のテーマとは関係なくメッセージを発信する必要に迫られた。

それは、危機に面した主人に対する忠誠の強調と援護射撃であったのと同時に、反習近平勢力に対する威嚇《いかく》と牽制《けんせい》にもなるのだから……。

要は李鴻忠の習近平擁護の性急な不規則発言は逆に、党内における習近平批判の動きが確実に拡大していること、そして習近平の「核心的地位」が不安定となっていることを証明してくれたわけである。


どう考えても習近平はいま、未曽有の政治危機のまっ最中にある。

習近平の政治危機の深刻さを示したもうひとつの兆候がある。李鴻忠が前述の「習近平擁護発言」を行ったのは7月23日だった。実はその前後に政治局常務委員の李克強《りこっきょう》、汪洋《おうよう》、韓正《かんせい》、そして政治局委員の胡春華《こしゅんか》、蔡奇《さいき》、陳敏爾《ちんびんじ》、李希《りき》などは、それぞれ会議を主催して講話を行っていた。

それらを確認してみると、彼らの発言には、「断固として習近平総書記の核心的地位を守る」というフレーズは一切出ていない。なかでも蔡奇、陳敏爾、李希の3名は、れっきとした習近平の側近であるにもかかわらず、である。

政治局常務委員のなかでは唯一、党内序列3位の栗戦書《りっせんしょ》が7月18日、自らが主催した全人代常務委員の会議で「習近平総書記の核心的地位」にふれた。彼は長年習近平の番頭を務めた側近中の側近である。

結局、この栗戦書と前述の李鴻忠以外に「習近平の核心的地位」を強調した人は皆無であった。どうやら最高指導部において反習近平勢が結集しつつ、習近平派の一部幹部たちはいま、保身のための様子見の状況となっている模様だ。

今年も8月初旬から恒例の「北戴河会議《ほくたいがかいぎ》」が開かれた。現役の最高指導部メンバーのみならず、長老も参加するこのきわめて重要な非公式会議において、習近平の政治危機が収まるのか、それとも危機が拡大していくのか、それはまた、今後の中国情勢の見どころとなろう（9月10日現在、北戴河会議の詳細は伝わってこない。習が強権をもって長老たちの異論を抑えた可能性がある）。

事なかれ主義に走る共産党幹部に配布された党中央からの意見書

党内を怠政に向かわせた最大の原因は恐怖の腐敗撲滅運動

共産党中央弁公庁とは、共産党中央委員会直属の事務機関で党の中枢というべき存在であるが、そこから出される「意見書」は当然ながら文字通りの意見書ではなく、党中央からの「指示書」に等しいものといえる。

本年5月20日、中国共産党中央弁公庁が『新時代における幹部の新作為・新担当をよりいっそう激励するための意見書』を作成して全国の党員幹部に配布したことが、人民日報などによって報じられた。

前述の意見書のタイトルにある「新作為・新担当」は、習政権が好んで使う独特の政治用語であり、意訳すれば要するに、「積極性を持って仕事の新領域をつくり、責任を持って仕事を担当して成し遂げよ」というものである。

したがって、この意見書の内容は幹部たちに仕事に対する積極性や責任感を持てと〝鼓《こ》舞《ぶ》〟するものであるが、わざわざ党中央がこうした意見書を出したのは、幹部たちが仕事に対する積極性と責任感を失っている実態を党中央が〝自覚〟していることにほかならない。

ここ数年、人民日報から地方の夕刊紙までのメディアを読んでよく目に入ってくる言葉に「怠政」、「懶政《らんせい》」がある。中国語では「怠」と「懶」はほぼ同じ意味で使われており、日本語の「怠《なま》ける」にあたる。

習政権下における過去5、6年、嵐のような厳しい腐敗撲滅運動のなか、党幹部たちは全員、戦々恐々となって自らの保身に必死で、「事なかれ主義」が一種の風潮となっている感が強い。

習政権以前は真逆であった。共産党の幹部たちは「積極性を持って仕事の新領域をつくること」に精を出していた。その最大の理由は、たとえば新しい投資プロジェクトのような「仕事の新領域」をつくり出すと、そこから莫大《ばくだい》な利権が生まれ、収賄《しゅうわい》するチャンスが増えてくるからである。

ところが、いまは収賄が摘発されたら、自らの人生は一巻の終わりとなるわけで、幹部たちは簡単に賄賂《わいろ》に手を出せなくなった。

その代わり、彼らは仕事の新しい領域の開拓に興味を持たなくなった。どうせ収賄につながらないなら、最初からやらないほうがよいからだ。加えて、仕事の開拓に熱心な幹部は腐敗摘発専門の規律検査委員会に目をつけられやすいので、むしろ何も積極的にやらずに既定の仕事を淡々と進めていったほうが無難である。

結局、習政権が旗印として進めてきた恐怖の腐敗撲滅運動は、いまの共産党幹部たちを「怠政」、「懶政」に向かわせる最大の原因となった。

加えて、いわば理想主義・原理主義の色彩の強い習近平指導部は、腐敗摘発以外のところでも幹部に対してあまりにも厳しい人事管理を行っている。これがまた彼らをさらに萎《い》縮《しゅく》させてやる気を失わせる原因のひとつとなっている。

酒の流用で将来を失った地方の共産党幹部

いま、共産党幹部たちがどれほど厳しい管理下に置かれているかを示すいくつかの実例を紹介しよう。

昨年12月、湖南省特殊設備検測研究院懐化分院という政府系の研究機関の党支部書記・院長を務める呉衛華という人物が、同僚幹部を招いて自分の誕生日を祝う宴会を開いたところ、研究院が公的接待に使う酒6本を流用した咎《とが》めで、規律検査委員会から「免職処分」を受けた。

研究院所有の酒6本を飲んだことで免職されてしまうとはいかにも厳しい処分であるが、処分はそれにとどまらなかった。その宴会に同席した6名の同僚幹部も「厳重警告」の処分を受けた。

中国の場合、党員幹部が一度厳重警告を受けると、出世の道が閉ざされるのはほぼ確実。言ってみればこの一件では、6本の酒のために7名の幹部が将来を失ったことになる。

酒で官職を失った人は他にもいる。昨年2月、同じ湖南省の長沙《ちょうさ》市共産党委員会の莫金文副秘書長は、プライベートな宴会で党委員会所有の接待用銘酒の茅台《マオタイ》酒2本を流用したことが発覚すると、7月に免職処分を受けた。

言葉使いの悪さで免職された幹部もいた。本年1月、成都市温江区永寧鎮天王社区党支部書記の周旭は、陳情にやってきた市民に対して「態度が悪く不適切な言葉を使った」との理由で免職処分を食らった。

本年5月、河北省党委員会・政府は、2017年度の河北省における大気汚染の改善が所定の数値目標に達していないとの理由で、汚染のとくにひどい省内の磁県、無極県などの地方責任者に対する処分を行った。

そのなかで、磁県県長（知事）の劉浩峰、無極県副県長の趙好戦などが免職されたほか、磁県党委員会書記の呉従江、無極県党委員会書記の呂知臨などが党内警告の処分を受けた。この一件で処分を受けた幹部は16名に上った。

以上のように、いまの中国では江沢民や胡錦濤政権時代ではおよそ問題にならなかった「公用酒」の流用で免職されたり、自分たちの責任とも言えない大気汚染の深刻さで厳重処分を受けたりしている。このことから、幹部たちが戦々恐々の日々を送っていることがよくわかる。

そうした環境下では彼らは当然、積極的に仕事を成し遂げようとはせず、むしろ身を縮めて事なかれ主義に徹する以外にない。だから、共産党の幹部連中のなかに「怠政」、「懶政」という通病が蔓延《まんえん》しているわけである。

度が過ぎた原理主義的管理に反省を示した現政権

前述の中央弁公庁の意見書は、まさにこのような問題の深刻さを認識している。だから、幹部たちの仕事に対する積極性・責任感を鼓舞するための方法をいろいろと講じるようになったことを示している。

私が同意見書のなかで注目したのは、「容錯のメカニズム」という新用語であった。容錯とは「錯誤＝過ちに対する寛容」の意味合いである。

つまり、習近平政権はここにきてようやく、幹部に対する原理主義的な厳しい人事管理と取り締まりが彼らを萎縮させた最大の原因だと認識した。それで今回は一転、「過ちに対して寛容にとらえよう」との姿勢に変わった。

果たして、これで共産党の幹部たちに積極性がよみがってくるのかどうかは不明であるが、党中央の立場からすれば、これから心配すべきことがひとつ増えたのではないか。

彼らは今後、意見書のなかの「容錯」という言葉を振りかざして、自らの過ちを誤魔化《ごまか》して責任問題から逃れようとするのではないかと思うからである。

「上に政策あれば下に対策あり」というのは、中国共産党政権のなかの古き伝統なのだから。

軍事クーデター並みの奇策を弄して国家主席の任期制限を廃した習近平

鄧小平により憲法に定められた国家主席の任期制限

今年3月5日から開幕した中国の全国人民代表大会（全人代）で内外から注目を集めたのは、国家主席の「2期10年」の任期制限の撤廃を盛り込んだ「憲法改正案」の行方であった。

当然ながら、中国共産党指導下の中国のことだから、党が提出した「改正案」はすなわち党からの命令であり、操り人形同然の全国各地から参集した全人代代表がそれに従うのは通常の流れではある。ただし今回の改正案による国家主席任期制限の撤廃は国内でも一定の反発を招いていることから、全人代での採決にあたっては多少の波乱も生じるのではないかとの観測もあった。

ではなぜ国家主席任期制限の撤廃は国内で反発を招いたのか？

それを理解するには、そもそもこの任期制限がどのような歴史的背景の下で誕生したのかを振り返る必要があろう。

国家主席の任期制限が中国の憲法に盛り込まれたのは鄧小平時代の1982年であった。当時は鄧小平の主導下で改革開放政策が進められ、中国はやっと暗黒の毛沢東時代から脱出しようとしていた。それと同時に、毛沢東政治に対する反省と見直しが大きなテーマとなっていた。

1949年に中華人民共和国主席となってから1976年に自身が死去するまでの27年間、毛沢東は絶対的な独裁者として中国に君臨し、やりたい放題の暗黒政治を行った。

数千万人単位の国民が殺されたり、自殺に追い込まれたりして悲惨な運命に遭わされたが、実は鄧小平を含めた多くの共産党幹部も毛沢東の独裁政治の被害者であった。相次ぐ党内粛清《しゅくせい》で劉少奇《りゅうしょうき》や林彪《りんぴょう》などが横死を遂げ、鄧小平自身も田舎へと下放《かほう》された。

ようやく毛沢東が死去、権力闘争を経てから権力を掌握した鄧小平は一連の改革を行った。自分自身も被害者となった毛沢東政治に対する反省から、共産党内で毛沢東のような絶対的な独裁者が二度と現れないようにするため、彼が党内のルールとして導入したのが集団的指導体制であり、最高指導者の定年制であった。

それにともない、国家主席の任期制限が改正された憲法に盛り込まれた。

大半の共産党幹部から支持された鄧小平発の独裁者を出さないためのシステム

この鄧小平がつくったルールは、毛沢東政治に苦しんだ多くの知識人や一般国民からの支持を得ただけでなく、大半の共産党幹部からも歓迎された。共産党幹部にしても、自分がいつ粛清されるかわからないような恐怖感のなかでひとりの独裁者に仕えるのはもう御免被りたいからであった。

それ以来、国家主席「2期10年」の任期制限は中国政治の基本的ルールとして定着し、江沢民も胡錦濤もそれに従った。その結果、たとえば江沢民は自らの派閥をつくり上げて党と軍を完全に牛耳るようになったときもあったけれど、本物の独裁者にはなれなかった。ルールに忠実な優等生の胡錦濤はなおさらである。

だが、いまの習近平は鄧小平時代以来の政治スタイルを根本的に変え、再び独裁者になろうとしているわけである。

２０１２年11月に共産党総書記に就任してから２０１７年10月の党大会までの5年間、彼は「腐敗摘発運動」の展開を武器に旧江沢民派をほぼ完全につぶしてしまい、「従わなければ摘発するぞ！」との脅しを使って共産党幹部をねじ伏せ、ついに絶対的な独裁者としての地位を手に入れた。

習近平にとって次の課題は、手に入れたこの絶対的な独裁地位を永久に保っていくためにどうすればいいかであった。まずは、国家主席の任期制限を憲法から消さなければならないと彼は考えた。

そういう意味では、3月の全人代で行われた憲法改正は、まさに習近平の、習近平による、習近平のための憲法改正であったわけである。

それに対する国内と共産党内の反発は予想外に強かった。独裁者の出現を嫌う知識人や開明派はもとより、共産党上層部の一部もそれを快く思わなかった。共産党の上層部と指導部にはいまでも鄧小平路線に忠実な人もいれば、習近平の終身独裁化を憂慮する勢力もある。だから鄧小平時代に確立された憲法のルールを変えるとなると、反発が起きてくるのはむしろ当然のことであった。

党中央委員会全体会議の前日に発表された「憲法改正案」

しかし結果的に習近平は党内の反対意見を封じ込め、国家主席任期制限撤廃を強引に進めた。その一部始終は次のとおりである。

まずは今年2月25日に、共産党中央委員会の名義による「憲法改正案」が発表され、国家主席の任期制限が撤廃されようとしていることが公になった。

しかし後になって考えてみれば、この憲法改正案が発表された2月25日というタイミングは実に不思議なものであった。翌26日から開催される党中央委員会全体会議（共産党第19期中央委員会第3回全体会議＝三中全会）の前日に、中央委員会名義の改正案が発表されたのはいかにも奇妙であろう。

これに対するもっとも合理的な解釈は、習近平指導部が憲法改正案に対する中央委員会の反発を恐れて、わざと中央委員会開会の前日にそれを発表してしまい、既成事実として中央委員会に押し付けようとしたから、というものだ。

そしてそのことは、習近平の終身独裁の実現に対して、政権内部でかなりの反発と抵抗が存在していたことを物語っている。

中央委員会のなかで「習近平改憲」に反発する勢力が存在していることを示すもうひとつの事実がある。実は前述の三中全会が開かれるほんの1ヵ月前の1月18日から19日、中国共産党中央委員会のもうひとつの全体会議（共産党第19期中央委員会第2回全体会議＝二中全会）が開催されたばかりであったからである。

同会議閉幕後の発表によると、この全体会議は「憲法改正」をテーマとした会議であった。ところが、会議終了後に、憲法改正についての具体的な発表は一切なく、前述した中央委員会名義の憲法改正案も発表されなかった。

その意味するところは、憲法改正をテーマとしたこの会議において、改憲に関する中央委員会の合意が得られなかった。おそらく反対意見の多くは、国家主席の任期制限撤廃に集中した可能性大。つまり習近平の改憲は今年1月の二中全会において抵抗に遭って一時的に挫折したのだ。

解放軍と武装警察を使い党内の反発と抵抗を封じ込めた習近平

もちろんこれで諦める習近平ではない。2月に入ってから彼は、党内の反発を避けるための奇策を用いた。先にもふれたとおり、二中全会が閉幕して1ヵ月以上が過ぎてから、次の三中全会が開かれる前日の2月25日、習近平指導部は突如、中央委員会の名義による憲法改正案を発表した。

つまり習近平はわざと2つの中央委員会全体会議開催の合間を狙って、中央委員会の同意を得ずに同委員会の名義を使って憲法改正案を発表したのだ。それはとらえようによっては、まるで習近平の中央委員会に対するクーデターのようなものであった。

そして、党内の反発と抵抗を徹底的に封じ込めるため、前述の三中全会が開かれている最中の2月27日、習近平勢力はもうひとつの際どい行動に出た。

その日に発行された中国人民解放軍機関紙である『解放軍報』が、一面トップにて「全軍と武装警察は中央の憲法改正案を断固として擁護する」との記事を掲載したのだ。内容は解放軍と武装警察の幹部・兵士が国家主席任期制限の撤廃に対する熱烈な支持を表明するものであった。

この記事の掲載は当然、軍の最高司令官である習近平国家主席兼軍事委員会主席の意向を受けたものであると理解されるが、共産党中央委員会が全体会議を開いている最中、軍と武装警察による「改憲支持の表明」は明らかに中央委員会の反対意見に対する封じ込めであり、中央委員会に対する軍からの恫喝《どうかつ》そのものであった。

そして結果は習主席側の思惑通りとなった。前述の三中全会は改憲問題の是非にいっさい触れずに28日に閉会したが、25日に発表された中央委員会名義の改憲案は事実上追認されることとなった。

つまり習主席は、軍事クーデターでも起こしたかのような奇策を弄《ろう》して中央委員会をねじ伏せ、自らの目的を達成したわけである。

件《くだん》の改憲案が発表された当日から、「皇帝」や「即位」などの単語が中国のネット上で続々と検閲に引っ掛かったことから見ても、一連の出来事の持つ意味は、まさに新皇帝の即位以外の何物でもなかったようだ。

第2章

一党独裁から習近平独裁へ

党中央の意向を忖度する地方政府

これから3年間も続けられる掃黒除悪闘争

中国国内ではいま、警察力を総動員して黒悪勢力を一掃するという「掃黒除悪闘争」が展開されている最中である。

ことの始まりは今年1月25日、共産党機関紙の人民日報が一面トップで掲載した「『掃黒除悪闘争』の展開に関する通知」であった。共産党中央と国務院の連名によるこの通知は、「掃黒除悪闘争が習近平同志を核心とする党中央により決定された」とし、全国各地方の党委員会と政府に対し、警察力と人民を総動員して黒悪勢力を徹底的に一掃せよと大号令がかけられた。

これを受け、中国33の省・自治区・直轄市の党委員会・政府、およびその下の県や市の党委員会・政府はそれぞれの管轄地域で動員大会を一斉に開き、黒悪勢力の一掃を誓った。

それから約10日後には、「掃黒除悪闘争第1弾」の戦果が全国各地から次々に報告された。

たとえば新華社通信南昌支局が2月5日に配信したニュースによると、江西省は闘争の展開以来、省内で黒悪勢力グループの173団体をつぶして、1111人の関係者を逮捕した。

あるいは浙江省《せっこう》公安庁の公式サイトが同じ2月5日に発表したところによると、浙江省は1月26日から公安庁長（省の公安トップ）の指揮下で5000人規模の警察力を動員して「一掃闘争の第1弾」を全面的に展開、容疑者1200人余を逮捕した。

中西部の陝西省《せんせい》公安庁も2月6日、闘争第1弾の戦果として202の黒悪勢力団体の取り締まりと、1426人の関係者の逮捕を発表した。それら黒悪勢力の不法資産921万元（約1億6000万円）を没収したとも発表している。

以上は、中国33の省・自治区・直轄市のなかの3省の戦果発表であるが、闘争の開始からわずか10日間でそれぞれの省で1000人以上の逮捕者が出たことにまず注目すべきであろう。

問題は、3つの省が宣言したように、前述の戦果はたんに「闘争の第1弾」の戦果であるにすぎないのである。これからの闘争展開でいったい全国でどれほどの人々が逮捕されることになるというのか。

さらに驚くべきことに、各地方の党委員会と政府が口を揃《そろ》えて、今回の「掃黒除悪闘争」は今後3年間において展開していくことを明言したことだ。3年間とは当然、党中央からの指示に基づく全国統一の闘争期間であろう。

つまり中国全国において、これから1つの省で10日以内に1000人以上も逮捕されるような闘争が3年間も続く見通しなのである。この国にはいったいどれほどの黒悪勢力が存在しているというのか。

われわれは一掃闘争の対象となる黒悪勢力とは何か、それはどういう組織あるいはどういう人たちのことを指すのかをチェックしてみる必要があろう。なにしろ全国の警察力を総動員して3年間にもわたって一掃しなければならないのだから……。

地方による拡大解釈を期待する党中央と国務院

実は、このもっとも肝心なところで、「掃黒除悪闘争」の〝不透明〟さが浮上してくる。たとえば党中央と国務院が連名で出した前出の「『掃黒除悪闘争』の展開に関する通知」を丹念に読んでみると、驚いたことに、この通知には肝心の「黒悪勢力」とはどういう勢力なのかについての定義がまったく示されていないのである。

どんな性格の団体が黒悪勢力となるのか、どんな行為を行っていたら黒悪勢力として認定すべきなのかについて、なんの明記も限定もない。黒悪勢力一掃の大号令をかけたにもかかわらず、肝心の黒悪勢力とは何かについての一切の明記もなく、大雑把《おおざっぱ》に黒悪勢力と記しているだけである。

党中央と国務院の出した国家レベルの公式通知としてはあまりにもいい加減にして雑なものであるが、それは当然、通知の文面を書いた人の個人的ないい加減さのせいであるはずはない。党中央と国務院はあえて、掃黒除悪闘争の対象となる黒悪勢力についての明確な定義や限定を避け、それをむしろ意図的に〝曖昧《あいまい》〟にしているのであろう。

それこそは摩訶《まか》不思議なところである。党中央と国務院もよくわかっているはずだ。党中央と国務院から伝達された「掃黒除悪闘争」の公式通知が肝心の黒悪勢力を明確に定義し限定しないと、この通知を実行していく各地方の党委員会と政府は当然、中央の意向を忖度《そんたく》したり自分たちの判断で解釈したりすることを。

その際、もっとも起きやすい事態は、各地方は党中央の意向を忖度してそれに迎合するために、あるいは手柄欲しさのために、黒悪勢力の定義と範囲を勝手に〝拡大解釈〟することである。拡大解釈して一般でいう「マフィア」や「黒社会」の範囲を超えて、掃黒除悪闘争を無制限に拡大していくことである。

もちろん党中央と国務院は、各地方の党委員会と政府にそういう拡大解釈のクセがあることを誰よりも知っているはずである。知っていながら、あえて黒悪勢力の定義を曖昧にしているのである。

その意味するところは、党中央と国務院はむしろ地方による拡大解釈を期待しており、地方の党委員会や政府に拡大解釈の余地を与える、あるいは範囲を広げさせるために故意に黒悪勢力の定義を曖昧にしたということであろう。

ようするに、党中央と国務院、つまり習近平政権は最初から掃黒除悪闘争の標的は単なるマフィアや黒社会であるとは考えていない。習政権が大号令をかけたこの闘争の目標は、決してマフィアの一掃程度のものではないということである。

もちろんマフィアと黒社会も今回の掃黒除悪闘争の標的のひとつであるが、標的の全部ではない。軍隊と警察をきちんと握っている中国共産党政権の力からすれば、黒社会を一掃するのに3年間もかかることはない。

手本は薄熙来が重慶市で行った「唱紅打黒」運動

ターゲットはマフィアだけではなかった

それでは習近平政権が発動した「掃黒除悪闘争」の本当の標的、その本当の狙いはいったい何なのか？

闘争の背後に隠されている習近平政権の真意を探っていくためには、まず習近平と腐れ縁のような関係にあったひとりの人物に登場してもらわなければならない。2012年9月に失脚した中国共産党元政治局委員・重慶《じゅうけい》市党委員会元書記の薄熙来《はくきらい》である。

薄熙来と習近平はもともと同じ「太子党」出身の高級幹部同士であった。二人の父親はともに建国に貢献した革命世代の幹部であり、二人は大学卒業後、地方勤務から政治の世界に入り、親の七光もあってどんどん出世を遂げていった。

しかし2007年秋開催の共産党17回党大会において、二人の前途は明暗を分けた。習近平は政治局常務委員に抜擢され「ポスト胡錦濤」の最高指導者候補となった一方、薄熙来は重慶市に飛ばされて中央から離れた。

それ以来、薄熙来は何とかして捲土重来《けんどちょうらい》を図っていた。重慶の党委員会書記として彼が全力を挙げて進めたのは「唱紅打黒」と称される政治運動であった。

「唱紅」とはすなわち、民衆を動員して毛沢東時代の「紅歌＝革命歌曲」を歌い、市場経済のなかで失われた革命の伝統を取り戻すための政治運動を意味する。一方の「打黒」は文字どおり、黒社会を徹底的に取り締まることである。

その打黒のために、薄熙来は自分が遼寧《りょうねい》省の省長を務めた時代の部下である王立軍《おうりつぐん》という優秀な公安幹部を重慶市に呼び寄せ、同市の公安局長に任命した。そして2009年夏からの2年間、薄熙来自身が音頭をとって王立軍がそれを実行に移す形で、重慶市は公安中心の打黒運動を展開した。それは2年間で逮捕者数万人というあまりにも峻烈《しゅんれつ》な取り締まりであった。

しかしその当時から、一部の「黒社会＝マフィア」を撲滅するのに、2年間にもわたる大規模な打黒運動を展開する必要は果たしてあるのかとの疑問の声が上がった。本当に重慶市だけで数万人ものマフィアはいたのかとの疑問もあった。

そして運動の展開にしたがって徐々にわかってきたことは、薄熙来と王立軍は別に打黒運動のターゲットをマフィアに限定したわけではなかったことであった。最初の段階では確かに「黒社会＝マフィア組織」に照準を当てていたが、打黒運動は徐々に黒社会という限定された範疇《はんちゅう》を超えて拡大していった。いわば芋蔓《いもづる》式に黒社会となんらかの関連性のある一般の民営企業家や民間団体も対象になっていった。

中国社会の現状においては、民営企業が生きていくためには共産党幹部に賄賂を贈る一方、なんらかの形で黒社会とも関係性を持たざるを得ない。したがって、黒社会から芋蔓式に関係性を探っていくと、ほとんどすべての民営企業家は打黒運動の対象になりかねない。結局、薄熙来の打黒運動は後半になると、その矛先がほとんど民営企業家と民営企業に向けられていった。

打黒運動の真の目的は国有企業を強化し地方財政を潤すこと

黒社会とのつながりで摘発された民営企業家は、個人の資産、あるいは企業の資産をそっくり政府に没収された。黒社会と認定された以上、彼らの資産も「違法資産」だと認定されたからである。

没収された莫大な違法資産の一部は、薄熙来とその側近たちの懐に流れたと推測されているが、大部分は実は重慶市の財政収入にあてられた。そして薄熙来はこれを財源にして、重慶市民の社会保障を充実させたり、貧困層のための福祉住宅を建て、重慶市民からの拍手喝采を浴びて、良き共産党幹部だと賞賛されていたのである。

ここまできたら、薄熙来肝いりの打黒運動の本当の狙いがわかってくるであろう。名目上は黒社会の撲滅であるが、実際のターゲットはむしろ一般の民営企業と民営企業家であった。

民営企業家と民営企業を黒社会と見做《みな》して叩きのめし、彼らの資産を没収して手に入れる。これこそが薄熙来の打黒運動の本当の狙いであったのだ。

実は打黒運動が進められている当時から、運動の本当の目的に気づいた海外メディアもあった。たとえば英紙『フィナンシャル・タイムズ』は2012年3月4日付で次のように報じた。

「専門家は、(薄熙来氏が)重慶モデルの大規模な社会保障プログラムに必要な莫大な費用をまかなうためには、新たな資金源が必要であった。そこで暴力団摘発＝打黒を名目にして没収した『違法な』資産をこれに充てるのが適切な解決策だと考えたと見られると述べている」

中国国内からも同じような指摘があった。たとえば2011年9月、華東政法大学の童《どう》之《し》偉《い》教授は打黒運動に関する長文の調査結果をネットで公表しており、同運動の実態を次のように暴露した。

「『打黒』にあたって、捜査・起訴・裁判の各段階を主導する数百の絶対権力をもつ専門組が設置されたが、その行動スタイルは文化大革命期の（有無を言わさぬ）やり方を直接受けついでいる。

刑法の『暴力団・やくざ組織』の定義と『暴力団・やくざと接触する』という犯罪の範囲が曖昧なのを利用して、『やくざと接触する』条項を乱用し、警察官が証拠もなしに人をほしいままに捕まえ、秘密裡《り》に拘束し、公民の人身の自由を不法に制限し、拷問を加えて証拠とし、強引に起訴した」

そして童之偉教授の調査によれば、前述のような乱暴きわまりない摘発によって、重慶の億元単位の資産を持つ企業家たちが重刑、財産没収、倒産、一家離散の憂き目に遭っていたという。

「重慶の打黒運動の特筆すべき結果は、資産と家族を失った民間実業家の多さである」と指摘する童教授は調査報告の最後にこう締めくくった。

「打黒の主な目的は、民間企業や企業家を弱体化、排除することで、国有企業を強化し地方財政を潤すことだった」

実態はまさしくそのとおりであった。

一直線につながる薄熙来の「唱紅打黒」と習近平の「掃黒除悪闘争」

「唱紅打黒」を大いに評価していた習近平

こうしてみると、潤っている民営企業家から資産を奪い取ることは打黒の最大の目的であったけれど、その際、奪取した資産の多くは薄熙来や彼の側近の懐に入るのではなく、市の財政収入となって社会保障の充実などに使われたことは注目すべきところである。

そこにはもちろん、薄熙来自身の〝政治的野望〟が隠されている。

前述のように、共産党17回党大会で習近平と明暗を分けて重慶に飛ばされてから、薄熙来はずっと捲土重来のチャンスをうかがって中央指導部への復帰を狙っていた。

その際の彼の戦略とは、重慶市で民衆の支持を取り付けて「人気」と「民意」をテコにして上昇を図っていくことであった。そして民衆の歓心を買い人気を勝ち取るために、社会保障の充実や福祉住宅の建設などに力を入れなければならなかった。

そうした財源捻出のためには、金持ちの企業家たちを打黒の名目にしておいて彼らの資産を取り上げなければならなかった。

以上が薄熙来の打黒運動の全容と真相であるが、実はこの運動が展開されている最中に、中央から一人の大幹部が重慶にやってきて、「唱紅打黒」を大いに評価したことがあった。

この大幹部とは現在の中国共産党総書記・国家主席、中国全国で「掃黒除悪闘争」を展開している習近平その人であった。


２０１０年12月、薄熙来の「唱紅打黒運動」が展開されていた最中、当時は中国共産党政治局常務委員・国家副主席のポストにあった習近平が重慶市を訪問した。

12月７日から３日間にわたる視察において、習はまず薄熙来の「唱紅運動」の現場を訪れ、運動の「重要意義」を高く評価した。その後、習は薄熙来とともに「打黒運動」を展開している現場の警察署を視察し、市内にある打黒運動資料展示室を見学した。

警察署の視察と資料展示室の見学に際して習近平は、薄熙来本人の前で、薄熙来が推進する打黒運動に対して高い評価を下すと同時に熱烈な賛辞を捧げた。

「重慶市党委員会は民衆のことを最優先に、民衆のために打黒除悪闘争を展開して段階的な重大勝利を収め、人民の権益をきちんと守った。それは大変な快事であり、人民の心からの支持を得た。重慶市党委員会はよくやった！」

そのうえで習はさらに、薄熙来の上司にあたる政治局常務委員の立場から、打黒運動の継続とさらなる「深化」を指示した。

それに対し薄熙来は習近平視察の最終日の9日に開いた報告会において、重慶市で展開されている「打黒運動」・「唱紅運動」、そして「福祉住宅」の建設に対して、習近平が高い評価を与えたことを紹介した上で、今後は「習近平同志の指示に従って」、この3つの運動とプロジェクトを徹底的に展開していくことを誓った。

薄熙来の最大の理解者・共鳴者・思想的後継者であった習近平

以上が2010年12月、習近平が重慶視察時に薄熙来の打黒運動を高く評価したことの一部始終であるが、そこには2つの注目すべきポイントがあった。

ひとつは2010年12月といえば、薄熙来の打黒運動はすでに終盤に入り、この時点では運動のターゲットは確実に一般企業家に拡大し、本来の目的である「財産没収」が本格的に行われていた時期であった。その一方、一般企業家から没収した財産を財源にした「福祉住宅」の建設も始まっていた。

習近平は重慶の打黒運動を絶賛したのと同時に、福祉住宅の建設も高く評した。そのことは、習近平は打黒運動の全容とその隠された目的を承知の上で、薄熙来の手法に賛意と共鳴を示したことを意味している。

というのも、薄熙来が福祉住宅の大規模建設に投入した巨大な財源は決して中央政府からのものでないことは、中央にいる習自身がよく知っていたはずだし、それが打黒で没収された企業家たちの財産を財源にしたもの以外にないこともわかっていた。

なぜならこの時点ですでに、先にふれた童教授らによって打黒の真相は暴露され、天下の知るところとなっていたからである。

つまり、習近平の打黒運動に対する評価はそのまま、運動を通じて民間企業家の財産を〝奪おう〟とする薄熙来の手法そのものに対する評価だと理解するしかない。

習近平の重慶視察と打黒運動への評価でもうひとつの注目すべきポイントは、当時の中国共産党最高指導者の胡錦濤や首相の温家宝が薄熙来の打黒運動と一連の手法に対して一度たりとも評価したことのない点である。

当時の胡錦濤総書記にいたっては、薄熙来の重慶市党委書記の在任中に重慶を訪問したことは一度もなく、重慶市党委員会と政府の活動に対してコメントすることすら一切していない。胡はこのような形で、薄熙来と彼の手法に対して露骨な不満と嫌悪感を示したのである。だからこそ、胡錦濤は自らの引退直前の2012年9月、温家宝と連携して薄熙来を失脚させたのだ。

しかし胡錦濤の薄熙来に対する態度とは対照的に、胡錦濤と同様に薄熙来の打黒運動の裏を知る立場にあった習近平はむしろ、薄熙来の打黒運動を高く評価してその深化まで指示した。この一件からしても、当時の中央指導部においては、この習近平こそが薄熙来の最大の理解者・共鳴者であったと言わざるをえない。

実際、習近平と薄熙来は政治的にライバル関係にあったものの、出自と経歴と思想において共通した点が多い。両者とも父親が建国の革命世代であるがゆえに太子党に属しているし、両者とも若いころは北京から農村に下放された経歴がある。そして両者ともに太子党であるがゆえに共産党政権に対する愛着心が強く、政権を守り抜くことを自らの使命とした。

しかし運命のいたずらで両者は50代後半に明暗を分けた。薄熙来が胡錦濤たちの手によって失脚させられ刑務所入りとなったのに対して、習近平は胡錦濤の後を継いで共産党の最高指導者になった。そして最高指導者になってから5年余、習近平は自らの権力基盤を固めて胡錦濤をはるかに超えた独裁者となった。

昨年10月の党大会で独裁体制を固めて自分のやりたいことを存分にできる立場になった習近平は、今年1月早々から習政権2期目の重要戦略として掃黒除悪闘争を大々的に展開し始めた。

ここまで読み進めてくれれば、習近平がいま展開している掃黒除悪闘争が8年前に彼自身が重慶で視察して高く評価した薄熙来の打黒運動と一直線につながっていることは明々白々ではないか。習近平の掃黒除悪闘争は薄熙来の打黒運動の「翻案」であり、習近平の国内政策はまさに「薄熙来無き薄熙来政策」であり、習近平その人こそは、ライバルであった薄熙来の思想的後継者ではないのか。

掃黒除悪闘争に踏み出した習近平政権の本当の狙い

習近平の掃黒除悪闘争と薄熙来の打黒運動の関連性をおおっぴらに認める官製メディア

実際、中国の官製メディアは習政権の「掃黒除悪闘争」と薄熙来の「打黒運動」との関連性を隠そうともしない。

たとえば新華社通信は1月24日、習政権の掃黒除悪闘争についての論評風の記事を配信したが、そのタイトルはずばり「打黒除悪から掃黒除悪へ、一字の差にいかなる深意があるか」であった。論評はまず現在の「掃黒除悪」と9年前の「打黒除悪」とは本質的な違いはないと断言し、習政権の「掃黒」と薄熙来の「打黒」が同じであることを認めた。そのうえで記事は、両者の最大の違いは、「掃黒」は「打黒」よりいっそう徹底的であり、よりいっそう広範囲のものであると評した。

つまり、薄熙来の打黒が範囲を拡大して一般民間企業に及んだのに対し、習政権の掃黒はそれよりもさらに範囲を拡大していくことを、新華社通信が堂々と宣言したわけである。

こうしてみると習政権の掃黒は単なる薄熙来の打黒の翻案ではなく、むしろその「拡大版」となるのであろう。これから3年間にわたり展開していく習政権の掃黒除悪闘争において、どれほどの民間企業家と一般民間人に災いが降りかかってくるのだろうか。

実は習政権は、薄熙来が編み出した打黒を継承して、民間企業家をターゲットとする掃黒除悪闘争を展開する前から、民間企業家の財産を奪うための理論的武装をすでに始めていた。

党中央と国務院が「『掃黒除悪闘争』の展開に関する通知」を公布、闘争展開の大号令をかける9日前の1月16日、中国人民大学マルクス主義学院の周新城教授が中国共産党中央委員会機関誌『求是』の姉妹雑誌である『旗幟』において「私有制の消滅こそは共産党の理論だ」と題する論文を掲載し、共産党の使命として私有制度の消滅を目指すべきだと論じた。

たしかに私有制の消滅は共産党が信奉しているはずの共産主義思想の理論的到達ではあるが、鄧小平の改革開放以来、中国共産党はずっとこの理論に対する言及を避け、「私有制の消滅」などについては口を噤《つぐ》んできた。

社会主義市場経済において私有企業の存在を認めている以上、私有制度消滅云々はあまりにも都合が悪いからである。

しかし今年になってから、私有制消滅の理論は再び提起され、しかもそれは共産党中央委員会の機関誌において提起された。誰もがその政治的背景を考えなければならなくなったのだ。

論文が掲載された1月16日当時、国内の人々は衝撃を受けながらもその真意を測りかねていたが、その9日後に前述の党中央・国務院の「『掃黒除悪闘争』の展開に関する通知」が公布されると、多くの人々は一瞬にして理解した。なるほど、前述の周新城教授論文は政権が掃黒除悪闘争を通して多くの民間企業家の私有財産を奪っていくための理論的準備だったのだと。

さすがに習政権、何をやるにしても用意周到なのである。

最後のターゲットは外資企業しかない

こうして習近平政権はいま、9年前の薄熙来の打黒運動の手法を踏襲、民間企業と経営者を最終的ターゲットとする「掃黒除悪闘争」を展開している最中である。

その究極の目的は薄熙来の打黒運動同様、〝非常手段〟による民間の富の収奪であろうと思われる。それでも習政権が今後3年にわたって富の収奪を目的とする、このような運動を展開していくのには、それなりの切実な理由もあると思われる。

理由のひとつにはやはり、経済成長率が年々減速、中央政府と地方政府の税収が徐々に減少、中央と地方の財政が悪化していくなかでは、どうしても通常以外の財源が必要とされることである。

とくに地方政府の場合、財政収入が減っただけでなく莫大な借金を抱えていることから、彼らの財政危機を解消するいちばんの早道かつ有効なる手段は、民間からの収奪以外にない。

だからこそ中央政府は意図的に掃黒除悪闘争の対象を曖昧にし、各地方の裁量に大きな余地を残してやったのである。「財政収入が底をついたら、金持ちから奪ってこい！」と言わんとする中央政府の態度である。

しかし、掃黒除悪闘争が展開される今後3年間において中央と地方政府は何とか財政危機を乗り越えることができるかもしれないが、問題はそのあとのことだ。

掃黒除悪闘争のなか、全国で多くの民間企業がつぶれていくと、経済がさらに悪化して不況が拡大するのは必至だ。そうなると中央と地方の財政はさらに悪化していくはず。そのときに中国共産党政権と各地方政府はどうやって、新しい財政危機を乗り越えていくのか。

筆者が考えるに、「黒」と「悪」と認定された国内の民間企業が身ぐるみ剝《は》がされた後、中国共産党政権は外資企業に手を出す以外にないのではないか。

一党支配を盤石なものにする政法委員会の恐ろしさとインチキ司法体制

膨大かつ多彩な権力をもつ政法委員会

「中国共産党専用用語」をご存知だろうか？

たとえば中国の人民日報を読むと、「中国共産党総書記・国家主席の習近平氏は昨日開かれた『中央政法工作会議』に対し重要指示を行った」というような記事が載っている。

この政法工作は典型的な共産党専用用語のひとつである。数あるチャイナウォッチャーのなかでも共産党専用用語をしっかりと解説できる人はそう多くはないから、この言葉を知ることは中国の政治制度・司法制度の本質に対する理解の一助となるはずだ。

まず、政法工作の「工作」という中国語の意味の解釈から始めよう。日本語の場合、工作の一番の意味は、何かモノを作成することだが、それが転じて政界工作や裏工作となると、悪い意味での根回しを指す。

しかし中国語の場合、とくに大陸で使われている中国語の場合、工作は日本語の仕事、活動と同じ意味になる。たとえば中国語で「我的工作是公務員」と言えば、それは「私の仕事は公務員だ」という意味である。あるいは日本語で言うところの「政府活動」は中国語では「政府工作」となる。

毎年開かれる中国の全人代では首相が「政府活動報告」を行うわけだが、この政府活動報告は中国語では当然、「政府工作報告」となる。

したがって、前述の政法工作とは党あるいは政府が行う「政法活動」の意味合いであるが、その際、「政法」という中国共産党の専用用語が指しているのは実は、「情報」、「治安」、「司法」、「検察」、「公安」などの多方面におよぶ政府活動である。

日本で言えば、裁判所や検察や警察などが関わる仕事を一括《ひとくく》りにまとめて、この「政法」という言葉に集約している。そして中国では政法という広範囲の活動を一元的に統括しているのは政府でなく、共産党なのである。

中国共産党には「中央政法委員会」という組織があるが、これと下部組織となる各地方に存在する政法委員会は、全国の司法・検察から公安・秘密警察までを指揮下において政法工作を進めていく司令塔だ。

さらに、中央政法委員会と各地方の政法委員会の管轄下にある公的機関には、国家の公安部と各地方の公安局がある。つまり、全国の警察組織は共産党の政法委員会の指導下にある。

公安以外には、アメリカのCIAに相当する中国国家安全部（各地方の国家安全局）も政法委員会に所属しており、警察と秘密警察の両方が政法委員会によってコントロールされているのだ。

一方、日本の法務省に相当する国家司法部も政法委員会の統括下にあり、日本の最高裁にあたる最高人民法院、地方裁判所にあたる各地方の人民法院、そして日本の最高検察庁にあたる最高人民検察院も各地方検察院もすべて政法委員会の下部機関として機能している。

しかしながら、政法委員会自体はたんなる中国共産党中央委員会に所属する一政党内の組織であり、中国共産党の政治局、あるいは共産党総書記の命令下で動く。

政法委員会の命令に従う下部組織の警察・検察・裁判所

このように一政党である中国共産党は、中央政法委員会という自らの下部組織を通して、中国という国家の警察、検察、裁判といった一連の司法権すべてを牛耳っているため、それを意のままに動かすことができる。

これはたとえば、日本の自民党がなんらかの党内組織をつくって、日本全国の警察と裁判所と検察庁を支配下においてしまうようなことなのだが、中国においてはこんなとんでもないことが目の前の現実として横たわっている。

このような状況下では、中国における司法の独立などまったく夢物語であることがよくわかるだろう。

実際、最高裁判所にあたる最高人民法院の組織と幹部、最高検察庁にあたる最高人民検察院の組織と幹部、そして全国各地で機能する下部裁判所、下部検察院の組織と幹部すべてが共産党政法委員会の下部組織と所属幹部であることから、司法の独立云々とは冗談でしかない。

検察院が誰を送検するか、裁判所はどのような判決を出すのかまで、そのすべてが共産党政法委員会の一存で決められるのである。

さらにタチの悪いことに、共産党政法委員会が警察、検察、裁判所までを支配するようなシステム下では、普通の法治国家では本来、ある程度の対立関係にあるはずの警察と検察と裁判所は実質上、同じ組織と同じ命令系統下の別々の部門にすぎない。

3者の上部組織は同じ共産党の政法委員会であるから、政法委員会の命令ひとつで警察が誰かを逮捕すると、検察は同じ政法委員会の命令でその人を送検し、そして裁判所は同じ政法委員会の指示に従ってその人に対する判決を出すのである。

その際、警察が政法委員会の命令で逮捕した人間を、検察が送検するのを拒否することもできなければ、裁判所は無罪の判決を出すこともなおさらできない。

政法委員会が誰かを殺したいならば、警察が命令されたとおりにその誰かを逮捕し、検察が命令されたとおりにその誰かを送検し、そして裁判所は命令されたとおりにその誰かに死刑判決を下すだけのことである。

共産党が殺したい人間は、そのまま殺されるしかない

つまりこの国では、政法委員会が〝殺したい人間〟はそのまま殺される以外に道はない。

もちろん、政法委員会は共産党の党内組織であるから、結果的には、共産党が殺したい人間は、そのまま殺されるしかない、ということである。

それはすなわち、中国における政法委員会の恐ろしさと司法体制のインチキさであるが、逆に中国共産党はこのようなシステムで国民一人ひとりの命を握ることによって、人民に対する党の支配を盤石なものにしているわけだ。

当然ながらこのシステムは、中国国民だけにとって恐ろしいものではない。前述のように、国家安全部と各地方の国家安全局も共産党政法委員会の統括下にあり、外国人を対象とする「反スパイ工作」は安全部と安全局の主な仕事のひとつとなっている。

ということは、安全部と安全局が政法委員会の方針にしたがって、誰か外国人をスパイとして逮捕すれば、検察も裁判所もそのままオートマチックにその外国人をスパイとして送検し、スパイとして裁判にかけ、そしてスパイであるとの判決を下すこととなる。

この数年間で8名の日本人がわけのわからない「スパイ容疑」で逮捕され、「スパイだ」との判決を受けて刑務所に入れられているが、そうならないためにも、かの国の恐ろしさをわれわれはもっと知っておくべきであろう。

以上、中国共産党は政法委員会を通して司法と警察を牛耳ることによって人民を完全な支配下においていることの実態を記した次第である。

今後、中国で人権弁護士や反体制派がなんらかの罪で有罪判決を受けたニュース、あるいは普通の日本人が中国においてスパイ罪で刑務所入りとなったニュースを耳にしたとき、われわれがまず想起すべきは、その背後にある共産党政法委員会の恐ろしい実態であろう。

完全に失われた習近平の独断と暴走に歯止めをかけるパワーとメカニズム

新たに政治局入りした15名のうち9名が習近平親派

昨年10月25日、中国共産党は第19期中央委員会第1回総会（1中総会）を開き、最高指導部メンバーの政治局常務委員や政治局委員を選出した。

7名の政治局常務委員の顔ぶれは党総書記の習近平以下、序列順に李克強首相、栗戦書党中央弁公庁主任、汪洋副首相、王滬寧《おうこうねい》党中央政策研究室主任、趙楽際《ちょうらくさい》党中央組織部長、韓正《かんせい》・上海市党委員会書記。

中国共産党の仕組みは以下のとおりで、「共産党員8900万名→党代表2500名→中央委員200名→政治局委員25名→政治局常務委員7名」というピラミッドで構成されている。

政治局常務委員の7名については内外のメディアがかなり詳しく伝えているが、同時に選出された政治局員（政治局委員）の顔ぶれについてはあまり突っ込んで報道されていない気がするので、解説してみよう。

新しく選出された政治局員は25名で、前回の第18回党大会で誕生した政治局の人数と同じだ。25名のうち10名は以前の政治局員の留任で、新しく政治局入りしたのは15名であった。

筆者が驚いたのは、新しく政治局入りした15名のうち、なんと9名が習近平のかつての部下、幼馴染《おさななじ》み、同級生であったことだ。その顔ぶれは以下のとおり。

・**丁薛祥**《ていせつしょう》↓習近平の上海市書記時代の部下。2013年、習政権下で中央弁公室副主任に抜擢。

・**黄坤明**《おうこんめい》↓習近平の福建・浙江省書記時代の部下。2013年、習政権下で中央宣伝部副部長に抜擢。

・**王晨**《おうしん》↓習近平が陝西省延安市延川県の農村部に下放された時代、王も同じ延安市の農村部に下放された。言わば「下放仲間」。2013年、習政権下で全人代常務委員会副委員長に昇進。

・**陳希**《ちんき》↓習近平が清華大学化学工業学部に就学時の同級生。さらに学生寮で同室。2013年、習政権下で中央組織部副部長（実務担当常務副部長）に抜擢。

・**蔡奇**《さいか》→北京市党委書記。習近平の福建・浙江省書記時代の部下。2014年、中国共産党中央国家安全委員会が設立され、習が主席に就任すると蔡を浙江省から抜擢、中央国家安全委員会弁公室副主任に任命、主任は習の側近の栗戦書。2016年に北京市長、17年に北京市党委書記に昇進。

蔡奇北京市長は政治局入りが約束されている?

・**張又俠**《ちょうようきょう》→人民解放軍上将。父親の張宗《そう》遜《そん》・解放軍上将は、習近平の父・習仲勲《ちゅうくん》とは「第1野戦軍」で戦友。習とは幼馴染み。

・**劉鶴**《りゅうかく》→習近平とは北京101中学の同窓生。2013年、習が中央財経指導小組組長に就任すると、劉を弁公室主任に抜擢。習の経済ブレーン、実質上の経済

元経済学者でもある劉鶴

運営司令塔。

・**李強**《りきょう》→習近平の浙江省党委書記時代、党委員会秘書長として仕える。２０１６年、習政権下で浙江省党委書記に昇進。

・**陳敏爾**《ちんびんじ》→習近平が浙江省党委書記を務めたとき、省党委宣伝部長、浙江日報に習のコラム「之江新語」を連載させ、習に取り入る。習政権下で２０１３年に貴州省長に昇進、２０１５年に貴州省党委書記に昇進、２０１７年に重慶市党委書記に昇進。

ポスト居座りの連鎖反応が起きるのは必至

彼らのほとんどは習政権が発足した翌年の２０１３年、習により抜擢され、中央や地方の重要ポストに就いている。

つまり、2013年の時点で彼らはすでに習近平というボスの下で一大派閥を形成したが、今回の党大会で彼らは政治局に一斉に入ってきたことになる。

その結果、25名からなる政治局には留任の習近平派を含めて、習の親派は12名となった。対する胡錦濤派は3名、他の10名はいずれも派閥色のない一匹狼のような存在である。

こうして習近平派は政治局において圧倒的な勢力をもつ派閥となった。ある意味では、中国共産党内部は習近平の側近や取り巻きにより乗っ取られてしまったような状況にあるわけだ。

こうして見ると、習近平体制の特徴がより明確になったようである。ひとつは最高指導者である習近平自身が終身独裁を目指していること。もうひとつは、今後の党指導部は習近平側近により確実に牛耳られるということだ。

それでは習近平体制下の中国共産党は今後どうなっていくのか。

まず考えられるのは、今後、長期間にわたり党の人事が流動性を失って停滞化していく可能性が強いことであろう。

習近平は、今後10年も20年も引退せずに最高権力の座にしがみつくつもりである。

ところが、いまの政治局常務委員会をながめてみると、栗戦書を除くとメンバー全員は習近平より1歳から数歳若い。習近平が次の党大会でも引退しないなら、習よりも若い彼らが引退しなければならない理由はどこにもない。おそらく栗戦書以外の全員は、次の党大会でも引退せずに習とともに政治局常務委員のポストに恋々とするのであろう。

こうなると、ポスト居座りの〝連鎖反応〟が起きるのは必至だ。

政治局常務委員が5年も10年も引退しなければ、その下の政治局員たちは昇進できない。昇進できないのなら、彼らもまた政治局員のポストに居座る。すると一段下の中央委員会の面々も、政治局員に昇進するチャンスを失うことになる。

要は共産党のエリート幹部たちはみな昇進の希望を失い、いまの立場を固守するしかない。そうした環境下では、誰も進んで職務に励み業績をつくろうとはしない。むしろ逆に、失点を避けるために、できるだけ事なかれ主義に徹するはずだ。

指導部人事の停滞化の結果、エリート幹部集団の間で無気力感や事なかれ主義が広がり、共産党はその活力を失うことになるのであろう。

独断で粛清も戦争もできるようになった習近平

習近平が目指す終身独裁体制は結局、エリート幹部集団の集団的無気力体制、あるいは集団的無責任体制をつくり出すことになろうが、そこから生じてくるもうひとつの問題は、共産党のなかで習近平の独断と暴走に歯止めをかけるパワーとメカニズムが完全に失われることであろう。

鄧小平時代の中国共産党は、かつての絶対的指導者であった毛沢東のやりたい放題と暴走が大きな災厄をもたらしたことへの反省から、いわば「指導者の定期的交代制」と「集団的指導体制」を導入した。

指導者の定期的交代で党組織に活力を吹き込み、そして集団的指導体制により最高指導者の盲動や暴走に歯止めをかけようとした。その結果、江沢民政権と胡錦濤政権では毛沢東時代のように指導者個人の独断で党と国家が翻弄《ほんろう》される事態が生じることなく、よりバランスのとれた穏便な政治を実現できた。

しかし、いまの習近平体制においては、習自身の独断や暴走を止める障害はすべて取り払われてしまった。政治局常務委員の大半は今後、習とともに権力の座に居座ることしか考えないから、あえて習の決断に反対して習と争うことはしない。

そして政治局は前述のように、習自身の子分や取り巻きによって牛耳られているから、習に反対意見を呈する者は誰もいない。

これからの習近平は自身の独断で、粛清も戦争もなんでもできるようになり、体制自体が大変危険なものとなっていくのであろう。

第3章

世界最悪の監視社会の誕生

カルト宗教的な全体主義国家の建設を目指す習政権の言論封殺

微博で「悪臭支那！」とつぶやいて人生を狂わせてしまった中国人女性

習近平政権下の言論弾圧の恐ろしさを示す注目事件が相次いで起きたことをご存知だろうか。

まずは2018年4月19日、潔潔良というアカウントの「微博《ウェイボー》」（中国版ツイッター）利用者がつぶやいた一言が大きな波紋を呼んだ。

その日、アメリカの映画会社のウォルト・ディズニー・スタジオが上海ディズニーランドで映画宣伝のイベントを行った後、集まった参加者たちが現場に大量のゴミを残して帰ったことがネット上で話題となった。

前述の潔潔良は自らの微博で現場の無残な光景写真を掲載したうえ、「悪臭支那！」という一言のコメントを呟いた。

中国では、「支那」という用語はもっぱら日本人が中国人を罵倒《ばとう》する際の蔑称《べっしょう》あるいは差別用語として認識されていることから、彼女の発したこの一言は当然ながら、「親日反中言論」だと認定されてネット上で大きな反発を招き、彼女のアカウントはすぐさま炎上状態となってしまった。

日本のネット上でも、このような光景は毎日のように見られるが、中国が異なるのはその次に起きてくることだ。まずは一部のネットユーザーがいわゆる「人肉捜査」（本人の正体を突き止める捜査）を行った結果、潔潔良のアカウントの持ち主が厦門《アモイ》大学大学院生の田佳良さんであることが突き止められた。

それから、罵倒と批判は田さんのみならず、彼女が学ぶ厦門大学にも殺到してきた。そのとき、大学側の対応は実に迅速であった。4月23日、つまり田さんが「悪臭支那！」のコメントを発してからわずか4日後、厦門大学は彼女に対する「厳重処分」を発表した。

これを受け、ネット以外のマスコミも一斉にこの事件を報じたことから、彼女の名はまさに「悪名」となって顔写真とともに全国的に知られるようになった。この一連の出来事は「田佳良事件」として中国版ウィキペディアなどにも登録された。

おそらく今後、中国社会で生きていく限り、田さんは永遠に親日反中の悪名を背負って就職や結婚などの社会生活のあらゆる面で大きな不利益をこうむる以外にない。「悪臭支那！」の一言を発しただけで、ひとりの女性の人生が狂ってしまうわけである。

授業での発言で党籍と教員資格を剝奪された大学助教授

中国流の言論弾圧の恐ろしさはまさにここにある。

この弾圧事件からほぼ1月後の5月18日、同じ「微博」での発言によって災いを招いた若者がいた。17日の夜、甘粛省《かんしゅくしょう》銀川市在住の19歳の蔣棟さんは自分の微博で、中国共産党政権が「革命烈士」だと認定したふたりの人物、董存瑞《とうそんずい》と黄継光《おうけいこう》について言及した。

ふたりとも人民解放軍の元兵士だったが、ひとりは中国共産党軍と国民党軍との内戦で戦死し、もうひとりは中国が出兵した朝鮮戦争で戦死した。蔣棟さんは自分の微博で、「このふたりの死は意味のない無駄死に」とコメントしたうえで、「もし僕がこの程度のことを言って捕まっていたら、国民に言論の自由がないことが証明され、この国は終わりだ」とも言い放った。

しかし、翌18日、次のようなニュースが『銀川新聞網』で流された。「銀川市民の蔣棟はネット上で革命烈士を侮辱したことで、市警察により拘束された」。

「もし僕が捕まったら」という蔣さんの予言は、翌日になって早速現実となった。銀川市警察の対応の速さは人々を驚かせ、この一件もまた、ネットなどで大きな話題となった。

以上のふたりは、ネット上での発言で弾圧の憂き目に遭ったのだが、同じ時期に、大学の授業で発した言葉によって厳しい弾圧を受けた人がいた。

4月24日、湖北省武漢市にある中南財経政法大学助教授は、大学1年生の学生を相手に「政治学原理」の授業を行った際、3月の全人代による憲法改正に対して批判的意見を述べたことで、大学当局から厳重処分を受けた。

彼女に対する大学共産党委員会の「処分報告」の文章は後になってネット上で流布されたが、そのなかで羅列された彼女の罪状は以下のとおり。

「わが国の憲法改正に対して誤った解釈を行い、わが国の国有企業財産権制度に対して誤った解釈を行った。わが国の全国人民代表大会制度をみだりに議論し、外国の政治制度に対する偏りの紹介を行い、学生の間に悪い影響を広げた」云々。

そして大学当局が彼女に対して課した厳重処分の内容とはなんと、党籍の剝奪《はくだつ》と教員資格の取り消しであった。中国国内で生活する人ならすぐにわかるのだが、このような処分は、ようするに社会的人間としての彼女への「死刑宣告」なのである。

恐ろしいほどの完璧さと効率の良さを誇る中国の「言論監視システム」

以上は、今年の4月から5月にかけて中国で起きた3つの言論弾圧事件の概要であるが、そこからは、いまの習近平政権下の言論弾圧の実態と特徴が見えてくるのである。

特徴のひとつはやはり、1980年代以来見たことのない、言論弾圧の厳しさとその徹底ぶりである。

鄧小平の改革開放以来、とくに江沢民政権と胡錦濤政権下では、中国の一般国民は実はある程度の言論の自由を享受してきた。共産党政権をあからさまに批判するような言論は当然弾圧されたが、ネット上での罵声や一般的な政策論議などはほとんど看過されてきた。つまり、当時の共産党は政権の打倒を目指すような言論は決して容認しないものの、共産党の価値観やイデオロギーと一致しないさまざまな意見や異議に対してはむしろ寛容な姿勢を示していたのだ。

しかし、ここにきて現政権の姿勢は俄然《がぜん》厳しさを増してきた。というか、桁違いの異様さを感じるのは筆者だけではあるまい。

ここまで紹介した3人の言論のうち、ネット上でのふたりの発言はどんな基準からしても、政治的発言でもなければ、反党反政権的なものでもない。たんに、共産党の提唱する価値観とは異なっていただけである。

そして大学助教授の授業上の発言となると、「わが国の全国人民代表大会制度をみだりに議論し、外国の政治制度に対する偏りの紹介を行った」とされ、このあたりはどう考えても「反共産党的言論」であるとは言えない。いくらなんでもこの3人は反共産党勢力とは程遠い存在であろう。

しかし、この3人は厳しい弾圧を受けた。習政権の言論弾圧はもはや政権の政治的防衛策の範囲をはるかに超え、政権のイデオロギー・価値観とは異なった、あらゆる思想・考え・価値観に対する全面的かつ徹底的な弾圧と封殺を行っているわけである。

約14億人におよぶ中国国民は中国共産党と異なった価値観や意見を持つことはもはや許されない。全国民が同じ考えを持たなければならないという、カルト宗教的な全体主義国家の建設がまさに習政権の目指すところなのであろう。

前述の事例から見た習政権の言論弾圧のもうひとつの特徴とは、「言論監視システム」の恐ろしいほどの完璧さと効率の良さである。

銀川市の蔣さんの例に見られるように、夜に自分の微博で一言の問題発言を行ったところ、翌日には当局により拘束の身となっている。言論監視の厳密さと弾圧の迅速さはまさに驚嘆すべきものである。

そして大学助教授の場合、自分の授業で発言したことがただちに大学の共産党委員会に伝わったということは、大学の各クラスに党委員会が放った大学生の監視員がいて、常に彼女の授業を監視していたことを示している。

このようにいまの中国においては、自分の微博で政権の気に入らないことを一言発したことで、あるいは教室のなかで外国の政治制度を紹介しただけで、すぐさま弾圧の対象となってしまう。

これほど完璧にして隙間のない監視システムと弾圧の下で、あらゆる言論の自由が完全に窒息させられている状況なのであろう。

だが、歴史の経験からすると、もっとも完璧な言論弾圧と言論圧殺は、結果的にはもっとも激しい反発を招き、動乱や革命の発生を招きかねない。なぜなら、抑圧されて蓄積していくマグマの爆発ほど猛烈なものはないからである。

ジョージ・オーウェルが描いた監視社会を実現しつつある中国

格付けの低い人間は高速鉄道や航空機に乗れなくなった

5月1日、かねて中国政府が導入を明言していた約14億人の国民全員を格付けする「社会信用システム」の一部が始動した。

ニューズウィーク日本版（5月2日）は以下のように報じた。

「中国政府が市民の行動を監視し、ランク付けし、スコアが高いものに恩恵を、低いものに罰を与えるとする社会信用システムの導入を発表したのは2014年のこと。そしてついにこの5月1日から、社会信用ポイントにおいて一定以下に格付けされた中国人に対し、高速鉄道や航空機の利用を最長1年間禁止する措置が採られることになった」

ついに中国では国家権力による国民の監視と自由の制限のシステム化が始まったわけで、実に恐ろしいことである。これはイギリスの作家ジョージ・オーウェルが描いた『1984年』を彷彿《ほうふつ》とさせる展開と言っていい。

現在、中国全土で2億台以上の監視カメラが設置され、24時間、人々の動きを監視しているが、凄《すご》いのは監視カメラにＡＩ（人工知能）が内蔵されていることである。監視カメラは歩行者や自動車を運転中のドライバーの顔をズームアップでとらえることができるだけでなく、車の色や車種、対象者の年齢、性別、衣服の色といった詳細を判別することができる。

そして内蔵されるＡＩは衛星利用測位システム（ＧＰＳ）や顔認証システムを通して、当局がまとめた「犯罪者」のデータベースとリンクしている。

たとえば街なかでひとりの人物を捉えた際、まず顔認証システムで個人を特定して、その人物が当局の犯罪者データベース内の人物と一致すれば、ＧＰＳを使って居場所を即座に探し出し、その近辺で警報が鳴り、警察官が駆けつけるわけである。

当の警察官たちは特殊ゴーグルを装備している。これが顔認証機能を搭載しており、当局の犯罪者データベースとつながっている。警察官がこのゴーグルをかけていると、街の人込みの多くの顔から犯罪者データベースに登録された人の顔をわずか０・１秒で割り出すことができるのである。

ウイグル人の端末に強制ダウンロードさせた政府開発の監視用ソフト

このような高度精密システムの監視対象となるのは当然ながら、一般的意味での犯罪者だけではない。共産党や政府に対して反抗する人、反政府的デモや抗議活動を行う人はみな、このシステムによって身元が割り出され、簡単に逮捕されてしまうのである。

しかも中央テレビはこのシステムの凄さをアピールする番組を全国向けに流している。全国民に「自分がどこに行っても常に監視されている」という意識を植え付け、国民にデモや抗議活動などへの参加をためらわせるためだ。

ネットは当然、中国政府が重点的に監視する領域のひとつである。いまではネットユーザーが自分の端末機器から発信する微博やＳＮＳでのおしゃべりが監視されているのはもちろん、実は日本でも話題になっている中国の消費者用電子決済システムも政府の監視下にあるから、政府がその気になれば、個人の消費行動を細かくチェックすることができる。

こうした国民監視のシステム構築のきわめつけは、中国政府が推進している個人保有する携帯電話やスマホなどの端末通信機器に、政府開発の監視用ソフトのダウンロードを〝強制〟するというプロジェクトである。

監視用ソフトがダウンロードされると、個人保有の携帯やスマホから発信したすべての情報と、受け取ったすべての情報が政府の監視システムに送り込まれる。

中国の場合、携帯やスマホの購入、保有は〝実名制〟である。したがって、誰かが携帯やスマホから政府批判のメッセージのひとつでも発信すれば、発信した本人の身元はただちに割り出される。このことから、通信機器を使っての政治批判はこれで完全に封じ込められることになる。

中国政府は手始めに重点的監視対象となっているウイグル人たちにこの監視ソフトのダウンロードを強要し始めているが、いずれは全国民に広げていくのであろう。

ガス抜きで国民の不満をコントロールしていた江沢民・胡錦濤政権時代

このように今後の中国国民は街を歩いていても、ネットで友人とおしゃべりしていても、電子マネーで支払いをするとき、あるいは自分の携帯やスマホからメッセージを送信するときも、常に政府により監視されているかもしれないと意識しなければならない。

これでは人権や自由を云々するどころではない。国民全員が24時間、常に誰かに監視されているという恐怖感と憂うつのなかで生きていくしかないのである。

一方の共産党政権は逆に、国民の反抗や不平不満を完全に抑えつけることができるという安心感を得ることになる。だが、長期的な視点からすれば、それは〝愚策〟と言うしかない。

江沢民や胡錦濤政権時代、共産党政権はあからさまな反政府活動については容赦なくつぶしてきたけれど、ネットや携帯電話での一般国民の不平不満の吐露についてはむしろ容認する姿勢をとっていた。

なぜなら、それが一種のガス抜きとなって、逆に社会の長期的安定につながるからである。しかし、いまの習近平政権は、完璧な監視システムの構築によって、人々に不平不満のひとつも言わせない方針だ。

ガス抜きのできない不平不満がマグマとなってたまれば、いずれは大爆発を誘発する。

絶望的な状況に陥っている中国の年金の実態

若者に対して「早くから老後に備えろ」と警鐘を鳴らした中国青年報

本年３月、中国青年報が年金問題に関する専門家の寄稿を掲載したところ、国内でかなりの波紋を呼んだ。

中国青年報は共産党の外郭団体である共産主義青年団（共青団）中央委員会が刊行する、若者を対象とする新聞である。若者を読者とする新聞が年金問題を語るとはいかにも意外な感じがするが、そこに登場した中国社会科学院社会発展戦略研究院の張盈華《ちょうえいか》副研究員は専門家の立場から若者を相手に、中国が直面する年金問題の深刻さを語りながら、「若者は早めに、自らの老後問題に備えなければならない」との警告を発した。

50代や60代の人々に対してならともかく、若者に対して年金問題を語って「老後に早く備えろ」とはちょっとピント外れではないかとの印象をもつ方もいるかもしれないが、その背後には当然、若者でも真剣に受け止めなければならない中国の年金問題の深刻さが横たわっている。

まずは、中国の年金制度の概要を簡単に説明しておこう。

中国の年金は主にふたつの種類に大別される。ひとつは「城鎮職工基本養老保険」、もうひとつは「城郷居民養老保険」である。

前者の城鎮職工基本養老保険、これを日本語に訳すと、「都市部に住む公務員並びに正規雇用者のための年金」になり、日本でいうところの「厚生年金」にあたるものである。

しかしこの年金は当然、農村部の住民と都市部に住む非正規雇用者・無職の人々などは加入できない。

そうした都市部に住む公務員ならびに正規雇用者以外の人々を対象とする年金が後者の城郷居民養老保険である。

中国政府の公式発表では、2017年年末の時点で、「城鎮職工基本養老保険」の加入者数は4億200万人、「城郷居民養老保険」の加入者数は5億1255万人であるという。両方の加入者数を合わせると9億人以上となり、日本の「国民皆保険」には及ばないものの、昔に比べれば中国の年金制度はかなり普及しているかのように見える。

城郷居民養老保険の平均支給月額はわずか120元（2000円程度）

しかしその内実を見てみると、4億人をカバーする城鎮職工基本養老保険はともかく、5億人以上をカバーする城郷居民養老保険については、果たして年金と言えるのかというほど貧弱なものなのである。

第1の問題は年金の支給額にある。城鎮職工基本養老保険の毎月の平均支給額が2500元（4万2000円程度）であるのに対し、城郷居民養老保険のそれはなんと

120元（2000円程度）でしかない。

いまの中国で120元の価値はどの程度かというと、たとえば都市部で人気のあるスターバックスにおいていちばん安いコーヒーでさえ1杯20元以上。だから簡単に言えば、城郷居民養老保険から受け取る毎月の年金は、スタバでコーヒーを6杯飲めば消えてしまう。

もちろん、この年金で生活する人々は最初からスタバのコーヒーは飲まないけれど、生きていくためには最低限の衣食住を維持していかなければならない。

たとえば筆者の故郷であり物価の安い内陸部の四川《しせん》省の場合、今年3月のコメの値段は1キロ6・9元となっていた。よって城郷居民養老保険で生活する人は、毎月の受け取る年金で18キロ程度のコメが買える。一応、餓死することはない。

けれども、衣食住の「衣」と「住」、そして光熱費などの最低限の生活費は年金ではまったくまかなえない。

実際、政府当局が公表した四川省の都市部住民の毎月の平均消費支出額は1600元程度、農村部住民の月平均消費支出額は770元程度である。それでも城郷居民養老保険の毎月の支給額はその両方を圧倒的に下回っている。城郷居民養老保険だけで生活する人は、都市部でも農村部でも最低限の生活が維持できないことは明らかである。

つまり、城郷居民養老保険がカバーする5億1000万人以上の中国国民が老後について深刻な不安に直面していることは紛《まぎ》れもない事実であり、彼らにとって老後は生き地獄以外の何物でもない。

その一方で、この城郷居民養老保険にすら加入できない人々が農村部と都市部で大勢いることも忘れてはいけない。老後に年金が支給されない、いまも生活難に陥っている彼ら極貧層は推定、1億人以上いる。

先にふれたとおり、城郷居民養老保険に加入している5億人以上の人々にとって月120元の支給額では年金としての意味はほとんどない。老後の保障は何もないのと同然である。

2014年から大幅赤字を出している城鎮職工基本養老保険

これまで紹介してきたように、いまの中国では少なくとも人口の半数程度の国民は実質上、老後の保障がない状況に置かれているわけである。

もうひとつの城鎮職工基本養老保険に加入する4億人の人々の老後は安泰なのかという

と、必ずしもそうではない。

城鎮職工基本養老保険に加入した場合、毎月の支払いは政府や企業が行い、老後になった場合の毎月の支給額は平均2500元もあるから、いまの物価水準ならば、贅沢《ぜいたく》さえしない限り老後の心配はないように見える。

しかし問題は、このような状況がいつまで続くかだ。というのは、すでに2014年から、城鎮職工基本養老保険の収支が赤字に陥っているからである。

城鎮職工基本養老保険の収入は加入者が勤める政府機関や企業からの積立金としての支払いで、支出となるのは当然、年金受給者への支払いだ。2014年の場合、城鎮職工基本養老保険の収入額が2兆434億元であったのに対し、支出額は2兆1755億元と、1321億元（2・3兆円相当）の赤字が生じた。

2016年、政府が6511億元の大幅な財政補助を行ったことで、城鎮職工基本養老保険はようやく赤字から脱出した。だが、政府からの補助がなければ、2016年の赤字は5086億元（8・6兆円相当）にのぼる計算であった。

2014年から2016年までのわずか2年間で、同養老保険の赤字は1321億元から5086億元にはね上がった。2017年の数字はいまだ不明であるが、16年同様の大幅赤字であることはまず間違いない。

今後、政府からの大量の財政補助がない限り、城鎮職工基本養老保険の赤字は毎年増えてゆき、いずれ政府財政が支える限界を超えてしまう。4億人をカバーしているこの年金自体が破綻する可能性があると筆者は考えている。

どうして2014年から「城鎮職工基本養老保険」が赤字になったのか?

主な要因はふたつ挙げられる。ひとつは経済不況が続くなか、多くの民間企業が倒産したことである。これでは積立金への支払いが減るのは当然である。

そしてもうひとつの理由は、高齢化の進展により定年退職して年金の受給者となる人が急増したため、全体の年金支給額が急増したことだ。

このふたつの傾向は今後ますます加速するに違いない。とくに年金受給者数の増加は半端なものでないから、城鎮職工基本養老保険が破綻へ向かっていくのはむしろ必然の趨勢《すうせい》であろう。

結論を以下にまとめてみた。

いまの中国には9億人以上の国民をカバーしているふたつの年金がある。

城郷居民養老保険は、最初から老後の保障にならないようなインチキものである。城鎮職工基本養老保険は、永続性のない体質でいずれ破綻してもおかしくはない。

このふたつの年金にすら加入していない国民を含めれば、中国国民の大半が今後、深刻な老後の不安に直面するのは必至である。

だから、冒頭で記したように、社会科学院の専門家は若者に対して、「老後の備えを急げ」と警告しているわけである。

若者でさえいまから老後の心配をしなければならないこの国には、果たして未来があるのだろうか？

習近平主席が唱えている「中華民族の偉大なる復興」は、絵に描いた餅になるのではないかと、つくづく思う次第である。

環球時報と習近平政権の間に生じる不協和音

読者を獲得してきた親方中国共産党ではないタブロイド紙的な性格

近年日本では、中国共産党機関紙である人民日報系列の新聞「環球時報」が知名度を上げてきている。

時には日本やアメリカに対して過激ともいうべき批判的論調が物議をかもし、時には南シナ海問題や尖閣問題に関する「超強硬姿勢」を示したことで注目を集めた。少なくとも日本国内において、環球時報は本家の人民日報以上の発信力と存在感を持つようになっているのは確かであろう。

環球時報が創刊されたのは1993年。発行しているのは当然、人民日報社である。公称発行部数は240万部で、280万部の人民日報に次いで中国国内3番目の大新聞である。

中国国内の読者に国際ニュースを伝えると同時に、中国の立場から国際問題に対する分析や論評を行うのが環球時報の主な役割と紙面の内容であるから、いわば人民日報の「国際ニュース版」としての位置付けとなろう。

人民日報の場合、共産党機関紙であるがゆえに、紙面の大半が内政関係のニュース、とくに中国の指導者たちの動向や党と政府の政策方針を伝えることに紙幅が費やされていることから、国際ニュース・国際問題の扱いはかなり限定的といえる。環球時報はそういう意味では、人民日報に対する補完的な役割を持たされている。

だが、環球時報が人民日報と大きく違う点がひとつある。

人民日報は中国共産党の正式な機関紙であるから、中央から地方まで全国の党と政府の公式機関、そして国有企業から大学、郵便局まで網羅するすべての公的機関・組織にある共産党支部が購読を義務付けられている。これは安定した発行部数を確保できる特権と言っていい。

ところが、環球時報にはこのような特権は付与されていない。環球時報の販売はほとんど市場原理にしたがっている。公称発行部数240万部のうち、およそ半分は個人による定期購読で、残り半分は全国の都市部の街角に遍在する報亭（新聞スタンド）で販売されている。

このような事情から、環球時報は「親方中国共産党」の人民日報とは異なり、市場のニーズに敏感に反応して大衆に迎合しなければならないタブロイド紙的な性格を強く持っているのである。

だからこそ、こと国際問題に対する論評となると、環球時報は常に人民日報以上の厳しい論調で日本やアメリカへの批判を展開し、あるいは中国政府以上に強硬姿勢を示す。毎日のようにセンセーショナルな記事や論評を掲載して大衆の目を引きつけないと、報亭での販売部数は激落して経営が成り立たないのである。

政権と蜜月関係にあった江沢民・胡錦濤時代

環球時報のこのような性格は、誕生時の時代的背景とも強く関係している。

同紙が創刊された1993年は、ちょうど江沢民政権が天安門事件の後遺症克服のために全国で愛国主義教育とセットで反日教育を本格的に展開し始めたころであった。

90年代を通して展開されたこの教育運動のなか、環球時報はまさに先頭に立ってアメリカや日本帝国主義の悪辣《あくらつ》さを喧伝《けんでん》し、愛国主義感情・反日感情をあおり立てまくった。

その結果、環球時報は販売部数を大幅に伸ばすことができ、江沢民政権が行った愛国主義教育・反日教育も大いなる成功を収めた。その意味においては、環球時報と中国共産党政権はまさに「持ちつ持たれつの」の関係にあった。

けれども、環球時報を中国政府の立場と方針の100％の代弁者と見なすのは決して妥当ではない。先にふれたように、市場で販売部数を維持し伸ばしていくためには、環球時報は中国政府の立場と方針を代弁しながらも、中国政府の公式見解以上の過激な論調を乱発して強硬姿勢を示さなければならないからだ。

時には政府の意向とは関係なく、政府の地雷を踏まない程度に、環球時報は独自の判断で過激な言論を展開する場合もある。

日本の国内メディア関係者は「環球時報の声はイコール中国政府の考え」と思っているようだが、必ずしもそうではない。中国情報を見る際、このあたりのことは留意すべきであろう。

繰り返しになるけれど、江沢民政権時代以来の愛国主義教育・反日教育運動において、環球時報は政権の急先鋒《きゅうせんぽう》として大きな役割を果たしたし、次の胡錦濤政権時代においても、環球時報と政権の蜜月関係は続いた。

規律検査委員会から行政警告を受けた環球時報編集長

ところが、習近平政権時代になってから、とりわけここにきて、現政権の環球時報に対する態度に変化の兆しが生じてきている。

２０１５年10月にこんな事件が起きた。

中国共産党中央規律検査委員会、すなわち党内の腐敗・汚職を摘発するための専門委員会により、環球時報編集長の胡錫進《こしゃくしん》らふたりが無断で公費を使いポーランド旅行をしたとする「規律違反行為」で摘発されたのだ。

規律検査委員会の発表によると、胡錫進らふたりはポーランド旅行に使った6417元（約11万円）の返還を命じられたという。

このニュースを知った一般の中国人は意外に思った。中国では、各政府機関や国有企業の幹部が「海外視察」と称し、公費を使って海外旅行に出ることはむしろ日常茶飯事であり、いわば幹部の利権のひとつであるからだ。

しかも視察と旅行との区別は最初からつきにくい。収賄や贈賄とは違って、このような案件は通常、規律検査委員会に目をつけられることはない。環球時報の場合、「不当に使われた」とされる公費の金額にしても11万円程度であったから、腐敗に厳しい習近平政権の下でも、この程度のことなら不問に付されるのが普通である。

しかし意外にも、中央規律検査委員会はこの一件に着手、規律違反として摘発しただけでなく、当事者の環球時報編集長に対して「行政警告」まで行った。

中国の政治事情が多少でもわかる人なら誰でも思うだろうが、それは明らかに規律違反の摘発を口実にした政治的行動であり、規律検査委員会の思惑は別のところにあるはずだと。

行政警告を受けた環球時報編集長の胡錫進は1989年に人民日報社に入社。国際報道部門で活躍していたが、1997年に環球時報に転属、いきなり環球時報の副編集長となった。そして2005年に編集長に昇格し現在に至っている。

この経歴から見ても、彼は環球時報の中心人物であり、彼に対する行政警告は当然ながら、環球時報の編集方針に対する習近平政権の不満の表れであり、「警告」だととらえることができる。

習政権は環球時報の編集方針にどのような不満を持ったのか？　それはおそらく当事者以外にはわからないだろうが、ひとつの推測としては、世論・メディアに対する党の絶対的支配を求める習政権からすれば、時には市場ニーズのために党と政府の立場から多少ずれた論調を示す環球時報が目障りとなってきたのではないか。

習政権になってから、党中央がメディアに対して求めるのは、党と政府に対する100%の忠誠であり、党と政府の方針との100%の一致であり、それ以外の姿勢はいっさい許さないからだ。

関係部門に言論を封殺されたと暴露した環球時報の危うさ

こうして見ると、胡錫進が受けた警告は、習近平政権から環球時報に対し、「お灸《きゅう》」をすえる意味合いもあっただろう。その効果も多分にあったようで、それ以来の環球時報のトーンは以前よりはおとなしく感じられる。

しかし環球時報にとっては、100％党と政府の方針にしたがって編集を行うことは、慢性的な〝自殺〟に等しい。環球時報の紙面が人民日報となんら変わらない内容となってしまえば、人々はあえて報亭などで同紙を買おうとはしない。このままこの状況を看過するなら、過激発言が売り物の環球時報は消えていく運命となる。

おそらく以上のような憂慮がふくらんできたのであろう。最近になって胡錫進編集長は時々、自らの苛立《いらだ》ちを隠さなくなった。

彼の微博で、環球時報が報じようとしたニュースが「関係部門」により封殺されたことを暴露したうえで、「まともな批判に機会を与えるべき」とつぶやき、封殺の一件に対する自らの反発を露《あら》わにした。

胡錫進は当然ながら、封殺令がどの関係部門から発されたものかは明らかにしなかった。だが、共産党機関紙である人民日報社が発行する新聞の編集長が、関係部門の報道封殺を公然と暴露、批判したことは異例中の異例であり、「反乱」と言われてもいいような出来事であった。

とくにいま、党中央への絶対的服従を強要する習近平政権の下では、胡錫進編集長の言動はタブーであり、場合によっては、「皇帝様」の逆鱗《げきりん》にふれて身を滅ぼすかもしれない大胆なものであったといえよう。

政権と環球時報との間に何があったのかは知る由《よし》もないが、両者の間に不協和音が生じていることは確実だ。環球時報と胡錫進編集長の扱いが今後どうなるかは予測できない。ただし、ひとつ言えるのは、いまの習近平政権は、政権のお先棒を担ぐ環球時報の存在ですら勝手は許せなくなってきていることであろう。

第4章

変わらぬ貧困と矛盾

習近平政権と農民工の果てしなき戦い

「ナチス」そのものだった北京市当局の手口

昨年11月20日から約1週間、首都北京市で前代未聞の出来事が起きた。

北京市当局が暴力に近い手段を用いて、北京市中心部の周辺に住む数十万人単位の農民工（出稼ぎ労働者）とその家族を追い出したのである。

そのやり方は組織的、計画的、かつ強引であった。市中心部の周辺で「スラム地域」と化している雑居ビルや平屋に住む農民工、あるいは彼らが働く町工場、彼らが営業する雑貨店や飲食店に対し、政府当局はまず数日間から1週間以内の「無条件立ち退き」を一方的に命じた。

そのうえで当局は、対象となる住居や店舗への電気、水道の供給を止めたり、地域のスーパーマーケットの休業や自由市場の閉鎖を命じた。農民工とその家族のライフラインを徹底的に断つことにより、彼らに〝自発的〟な立ち退きを迫ったのだ。

期限をすぎても退去に応じない農民工たちに対し、当局は今度は警察を大量に動員して、暴力的な手段で彼らを住居や店舗から強制的に追い出した。住民全員を追い出した後、当局は警察の立ち会いの下、ショベルカーなどを出動させて当該スラム地域の雑居ビルや平屋、雑貨店・飲食店などを一斉に打ち壊して廃墟《はいきょ》にした。

政府当局の「農民工追い出し作戦」はこれでいったん終了するのだが、そのプロセスにおいて、追い出された農民工と破壊された住居や店舗の持ち主に対するいっさいの賠償も補償もなく、農民工たちとその雇用者や物件所有者との契約関係もいっさい無視された。とにかく政府当局の命令ひとつで、農民工たちは仕事と住居と財産を一挙に失って強制的に追い出されたのである。本来なら国民の人権や生存権や財産権を守るべき立場の政府が逆に暴力装置までを用いて農民工から基本権利を奪い取り、彼らの生活を完全に破壊した。

北京市政府の司法機関がまさに無法者のマフィアと化した光景が繰り広げられたのであった。

世界広しといえど、政府の人間が無法者となって国民生活を破壊するなど起きたためしはあるまい。その稀《まれ》に見る事態が中国の首都北京で現実に起きた。

この北京市政府の非道ぶりに対し、中国国内ではネットなどで激しい批判の声が巻き起こった。一部のネットユーザーは、1938年11月にドイツのナチスがユダヤ人を居住地域から強制的に連行して収容所へ送り込んだ「水晶の夜事件」に因《ちな》んで、それを「北京の水晶の夜」と呼んでいた。けれども両者の間には本質的な差異はない。中国共産党政権下の北京当局の手口はまさに「ナチス」そのものであった。

習近平の了解のうえで断行された「農民工追い出し」大作戦

独裁を謳歌《おうか》する習近平政権は、なぜナチスばりの暴政を断行したのか？　その前になぜ、北京当局は批判されやすいような弱者いじめの暴挙に出たのだろうか。

昨年10月開催の党大会を経て滑り出したばかりの2期目の習近平政権は本来、自らが標榜《ひょうぼう》する「新時代の到来」を世に示すためには、国民に歓迎されるような「仁政」をいくつか行うべきところではなかったか。

それなのによりによって習主席のおひざ下の北京市で、しかも習主席の腹心のひとりである蔡奇・北京市党委書記の指揮下で前述のような暴挙を断行してしまった。それはまるで、習主席の「新時代」に泥を塗るようなことではないのか。

北京当局が前述の暴挙に打って出た理由として持ち出したのは、11月18日に北京郊外で起きた一件の火災事故であった。火災現場は北京市中心部から南西に約15キロの同市大興区西紅門鎮。近隣の繊維工場に勤める労働者らが住むアパートで火災が起き、子供8人を含む19人が亡くなった。

週末の18日に起きたこの不幸な火災事故を受け、翌週月曜日の20日から、北京市当局はさっそく、「危険な住居地域の整理」の名目で前述のような「農民工追い出し作戦」を開始した。

これはどう考えても、火災事故は北京市が以前から計画していた「追い出し作戦」に格好の口実を提供したにすぎない。あれほど大規模で組織的な作戦が火災発生からわずか2日間で立案できるとは思えないからだ。

北京市当局はすでに以前から、同作戦を立案してタイミングを計っていたはずである。そして火災の発生を待っていたかのように実行に移した。

北京市トップの蔡奇党委書記が習主席の腹心である点も含めて、首都北京で展開されたこの大規模作戦を実行するにあたり、習主席の了解を取っていないとは思えない。

「農民工追い出し」はむしろ、習主席の了解のうえで習政権の政策として実行されたと理解すべきであろう。

北京の不動産ブームに不可欠だった農民工の労働力

はじめの謎解きに戻ろう。習近平政権は、なぜ、なんのために暴政を断行したのか？その謎を解くためにはまず、追い出された農民工がどういう人たちなのかを知らなければならない。

農民工とは中国国内独特の用語で、農村から都市部に流れてくる出稼ぎ労働者のことである。日本の出稼ぎ労働者の場合、生活基盤が農村部にあって、農作業のないときだけ都市部に来て働く。

中国の場合、農民工たちの大半は農村部にはもはや生活基盤がなく、家族とともに都市部に住み着いて長期的な出稼ぎをする。

だが、「住み着く」といっても中国には戸籍制度があるから、農村戸籍の農民工たちは都市部に来ても「都市戸籍」になれない。彼らは「農村戸籍」のままで「暫住《ざんじゅう》」という形で都市部に住み着き、なんらかの仕事に就いて家族とともに生活するのである。

一方、都市部のほうも彼らを労働力として必要としている。建築・土木・ゴミ処理など「3K」と呼ばれる仕事は彼らの主な稼ぎ先となり、労働集約型の町工場も彼らを安い労働者として雇用する。

彼らはたいてい、都市の中心部周辺にある古い平屋や雑居ビルの一室を借りて住居としているが、時間の経過とともに彼らが中心となるコミュニティができて、いわば「農民工スラム地域」があちこちで誕生した。

問題となった北京市の場合、市中心部周辺、郊外に住む農民工はその家族を含めて推定数百万人にものぼっている。もちろんこれまで、数百万人もの農民工たちが北京に長期的に住み着いて生活が成り立つのには、北京市が彼らを労働力として必要とし、しかも彼らに低賃金ながら仕事を十分に与えることができる、という前提条件があった。

実際、長らく続いた不動産ブームの間は、北京市全体が巨大な建築現場と化していたから、建築関係の仕事はいくらでもあったし、郊外に立地する輸出向けのアパレルなどの労働集約型産業は彼らを安い労働力として喜んで雇っていた。北京が彼らを必要としていたからこそ、田舎者の農民工たちは5年も10年もそこに住み着くことができたのである。

「農民工追い出し作戦」と経済環境の激変との関係性

しかし、不動産ブームはいつまでも続くわけがなかった。

いま、北京市政府は綿密な計画のもと、農民工たちを大量に北京市とその周辺から半永久的に追い出そうとしており、その一部をすでに追い出した。

経済の視点からみれば、北京市政府がこのような決断を下したのは、下記のような判断があったのであろう。農民工を大量に北京から追い出しても、それが北京市の経済活動の展開にさほど大きな影響はないと——。

つまり、安い労働力としての農民工が北京市から消えたとしても、北京市の建築業や町工場はそれほど困ることはない、との事情がその背後に横たわっているのだ。その意味するところは、北京市の建築現場や町工場の仕事が急速に減っており、経済が確実に減速している現実である。

実際、北京市のインフラ投資はすでに飽和状態で、不動産市場の低迷から民間の不動産投資も大幅に減少している。

加えて、安い労働力を利用した中国の輸出産業が人件費のより安いベトナムやミャンマーとの競争に負け続けるなか、北京を含めた全国各地の輸出向けアパレルなどの町工場が深刻な不況に陥ったり、倒産に追い込まれたりする事態が起きている。

経済環境が激変し、北京市は大量の農民工を労働力として求める必要がなくなったから、北京市当局は経済活動への影響を懸念せずに大量の農民工を追い出す作戦にふみ切ったわけである。


けれども、依然として釈然としない点がひとつある。

経済の衰退により北京市が労働力として農民工が不要になったのであれば、仕事がなくなった農民工の多くは自動的に北京から離れていくはずであろう。

そうであるならば、市政府当局は農民工たちが徐々に北京から離れていくのを待っていればいいわけで、大規模な追い出し作戦を断行しなくてすむではないか。

しかし実際は、北京当局はそれを待つどころか、むしろ大急ぎで大規模な追い出し作戦をあわただしく展開した。それはいったいなぜなのか？

実は北京市当局というよりも習近平政権がある大いなる憂慮を抱えており、それが要因となって習主席の了解のもと、北京市は前代未聞の農民工追い出し作戦にふみ切ったと筆者は読んでいる。

中国の各都市に存在する農民工による大暴動リスク

たしかに北京市とその周辺に住み着いた農民工の多くは経済の衰退により従来の仕事を失いつつあるが、しかしながらそれは、彼らの大半がただちに北京市から自発的に離れていくことを意味しない。

彼らにはそもそも故郷の農村に生活基盤はないから、故郷に戻ろうとしても戻れない。戻ったとしても耕す土地もなければ、就ける職もない。そして北京市から離れて別の都市へ行っても、雇用状況はさほど変わらず、あるいは北京市よりさらに悪いところもある。そうすると彼らは結局、仕事が減っていく状況下においても、いままで住み慣れた北京市から離れようとはしない。仕事は以前より減っているが、なんとかして日雇いのような零細な仕事を見つけて細々と生きていくしかない。

しかしこのような状況のなかでは、彼らの生活状態はますます悪化し、不平不満がたまっていくこととなろう。「農民工スラム地域」では犯罪も多発してきており、秩序は乱れていく一方である。

中国ではこれまで、地方の街で警察官が農民工の子供を殴ったことがきっかけになって大暴動になったような事件はたびたび起きている。

北京市政府と習近平政権が懸念しているのはこれであろう。数百万人の農民工が北京市とその周辺に密集するなか、経済の衰退で彼らの多くが徐々に「無職流民」と化していく。そんな状況下でなんらかの事件がきっかけで不平不満のマグマがたまりにたまっている農民工たちが一斉に暴動を起こせば、習政権にとっては悪夢のような事態の発生である。

それが燎原《りょうげん》の火のごとく北京以外の地域に広がっていけば、政権の基盤と社会の安定を根底から揺るがすことになりかねない。

たとえば暴動を迅速に鎮圧することができたとしても、暴動の発生自体が2期目をすべり出した習政権にとっての大打撃にもなろう。

こうした深刻な憂慮があったからこそ、習政権は昨年10月の党大会において独裁体制を強化してから、11月に入るとただちに北京市から先手を打った。習主席の腹心である蔡奇党委書記の陣頭指揮下で、国内外からの批判も覚悟のうえで、なりふり構わず農民工追い出し大作戦にふみ切ったわけである。

作戦が断行された結果、多くの農民工が北京から離れたことで、習政権の憂慮は多少軽減したかもしれない。しかし、それは問題の根本的な解決でない。

農民工が北京市から追い出されたとしても、彼らの多くは依然として帰郷せずに別の都市に移動して〝活路〟を見い出そうとするからだ。

北京以外のどこの大都市であれ、状況はさほど変わらない。どこの都市部でも周辺に農民工が大量に住み着いている。

「追い出し作戦」の展開で北京市だけは農民工による暴動と騒動から多少は遠ざかったかもしれないが、それ以外の大都市ではこのようなリスクは常に存在しているわけである。

いつの世も天下大乱の前兆となった流民の大量発生

それなら習政権は北京市と同じ手法で、全国の都市部から農民工を追い出すことができるのか。どの都市部も共産党政権は北京と同等の体質と能力を持っているから、物理的にはそれは当然できるのであろう。

しかし、仮に習政権が全国の都市部で北京と同じことをやってしまえば、それは場合によっては政権がコントロールできないほどの大動乱の発生につながるかもしれない。

中国にはいま「流動人口」と呼ばれる農民工が2億6000万人もいるのだ。政権がこれだけ多くの人々を敵に回すならば、あるいは彼らを一斉に都市部から追い出して、億単位の人々を行き場のない流民にしてしまえば、それがどのような結果をもたらすのか、想像するだけでゾッとする。

中国の歴史をひも解けばわかるように、行き場のない流民の〝大量発生〟はいつの世も、天下大乱の前兆である。またそれは天下大乱の原動力にもなるのである。

そういう意味では、習政権が北京市からやり始めたことは、前代未聞の暴挙であると同時に、自分自身の首を絞めるような愚行でもあった。

独裁政権の最高指導者がとんでもない愚策を行ってしまうことは歴史上数多くあるが、昨年10月の党大会で習近平独裁を確立した中国共産党政権は早速、その轍《てつ》を踏んでしまったようだ。

今後、習政権と農民工の戦いはどのような展開を見せるのか、中国の未来を占ううえで、大変興味深い。

火薬庫となりかねない5700万人退役軍人の怒り

退役軍人の抗議活動を黒社会を使って封じ込めた江蘇省鎮江市当局

中国各地で「退伍《たいご》軍人」と呼ばれる、いわゆる退役軍人たちの抗議活動が拡大している。発端は本年6月19日、江蘇《こうそ》省鎮江《ちんこう》市で起きた「退役軍人襲撃事件」であった。この日、少人数の退役軍人が市政府庁舎を訪れ、待遇の改善や再就職に関する政府の支援を求めたところ、警察隊によって行動を阻止された後、正体不明の集団から襲われ、負傷者が出た。

これを受け、翌日20日から、鎮江市内と周辺地域在住の退役軍人たちが続々と鎮江市政府庁舎前に集まり、襲撃事件に対する抗議活動を始めた。退役軍人たちの主張によると、襲撃した正体不明の集団は市政府によって雇われた「黒社会＝ヤクザ」であり、政府の目的は待遇改善を求める退役軍人の正当なる要求を封じ込めることにあるという。

22日になると、同市政府庁舎前の抗議活動に集まった退役軍人の数は数千人にものぼり、現場は緊迫した状況となった。ネット上で拡散されている映像では、現場の退役軍人たちは憤りながらも整然とした抗議活動を行い、一部の参加者からは「打倒反動政府！」という反政権色の強いスローガンも叫ばれた。

そして23日未明、約１万人の警察部隊が出動、抗議者たちを包囲し、強制排除した。最後までに抵抗した人たちは拘束されたうえ、市内の中学校（夏休み中）に監禁された。排除された退役軍人たちがネット上で配信した報告によれば、３人が亡くなり、15人の負傷者を出した。

鎮圧の最中とその後、退役軍人たちはスマホなどで現場の血塗《ちまみ》れの映像や写真を流しながら政府の非道を訴え、全国の退役軍人仲間に支援と集結を呼びかけた。

その日から彼らを支援するために、近くは浙江省や河南省、遠いところでは四川省や貴州省などから、退役軍人たちが集団をなして鉄道、高速道路などを使って鎮江へ移動し始めた。

それに対して当局は、鎮江市内に警察部隊を増員して制圧する一方、鎮江周辺の高速道路で厳しい検問を行ったり、鎮江行きの列車を全面運休にするなどして、退役軍人たちの鎮江入りを徹底的に阻止した。鉄道を使っての四川からの応援部隊は途中の鄭州《ていしゅう》駅で拘束された。

同時に、装甲車を配した人民解放軍部隊がすでに鎮江市内に到着していることがネット上の写真によって確認され、当局は暴動発生などの最悪の事態に備えていたことがわかった。なにしろ今回の一件で、習政権が敵に回したのは、軍事訓練を受けたことのある元軍人たちであり、政権最大の権力基盤である人民解放軍の出身者たちなのだから――。

退役義務兵たちの再就職支援を地方政府に押し付けた中央政府

今後、事態はどう推移するのかは予断できないが、ここでは一応、事件の背景となっている「退役軍人問題」にふれておこう。

中国で実施されている「兵役法」では、いわば「義務兵役制」が導入されており、一定の年齢に達した国民は兵役に服することが義務付けられている。もちろん人口の基数があまりにも大きいから、若者全員がこの義務を果たす必要はない。実際のところ、軍に入りたい若者が応募して採用されることになっているが、その際、喜んで入隊するのはやはり就職口の少ない農村の若者たちである。

義務兵の兵役は一律2年であるから、入隊した若者は2年後に軍から出て、「退伍（役）軍人」となる。

いま、彼らの再就職支援や再就職前の経済支援、再就職のための職業訓練などについての中国政府側の「扱い」が大問題となっているのだ。

中国中央政府は「兵役法」と併せて「退伍（役）義務兵安置条例」を制定しているが、この「安置条例」の第３条は、「退伍（役）義務兵の安置は、義務兵が従軍する以前の所在地に戻ることを原則とする」とし、第４条は「退伍（役）義務兵の安置は各級地方政府の指導下で行われる」としている。

つまりこのふたつの条文をもって、中央政府は退役義務兵たちの再就職支援に関する一切合切すべてをその出身地の地方政府に任せきって、まったく手をわずらわさないことにしているのである。

義務兵を採用して兵士として使うのは、国防を担当する中央政府のほうであるが、義務兵の退役後の面倒を１００％地方政府に押し付けるというのはいかにも虫の良すぎるやり方であろう。一方、各地方政府にしてみれば、それはまったく不本意な面倒事、やりたくない仕事のひとつである。

かねて各地方政府は退役軍人たちに対する支援に不熱心であったが、先にふれたとおり、習政権下では各級幹部の「怠政」「懶政」が蔓延しており、そんな面倒な仕事を忌避する風潮がさらに広がっている。

そんな状況のなか、全国各地で不満をつのらせた退役軍人たちの抗議活動が起き始めた。それをなんとか鎮めないと上からの追及が厳しいから、一部の地方幹部がなりふり構わぬやり方で収拾しようとしたところ、前述の鎮江事件が起きたわけである。

全国に存在する５７００万人にものぼる退役軍人たちの怒りは今後の中国の火薬庫となりかねない模様である。

周辺国に恐怖をまき散らす中国人独身男性３４００万人

80年代出生の男女比率はなんと「１３６対１００」

このところの中国で大きな社会問題となって浮上しているのは３４００万人に上る「光《グアン》棍《グン》＝独身男」の存在である。

彼らは結婚したくないから結婚していないのではなく、中国の人口構造に生じた深刻なゆがみで、結婚したくてもできない状況に陥っている。

いまの中国は、人口構造における男女比率のバランスが大きく崩れて、男性の人口が女性のそれを大きく上回っている。

国家統計局が発表した人口統計によれば、2015年末時点で男性人口7億4414万人に対し、女性人口は6億7048万人。男性のほうが3388万人も多く、男女人口のバランスが完全に崩れていることがわかる。

これを年代別に出生の男女比率を見てみると、1980年代、90年代のアンバランスが目立つ。その最大の原因は、中国政府が国策として導入した「一人っ子政策」（1979年～2015年）にあるのは疑いのないところだ。

約35年間、一人っ子政策が強制的に推進されていたなか、中国の総人口の6～7割（当時）を占める広大な農村地域では大きな異変が起きた。

当時の農村では社会保障制度がまったく敷かれていなかった。ということは、農民たちにとって唯一の老後の〝保障〟は自分の子供である。その際、成人すれば他家に嫁ぐ女の子は老後の保障にならないのは自明だから、農民たちの誰もが女の子よりも男の子を欲しがった。

一人っ子政策が推進されているかぎり、「一姫二太郎」のように産むこともできない。そうした環境下、どうしても男の子が欲しい多くの農民たちは驚くべき対策を施した。一部の人々は生まれたばかりの女の子を「死産」と偽《いつわ》って、その場で処分した。あるいは出産前に胎児が女の子だとわかると堕胎した。

このようなことがおよそ35年にもわたって全国で行われてきたのだから、その間に生まれて成人する男女の比率が大きく狂ってしまうのは当然のことである。

先に男女人口の差が３３８８万人だと記したが、これを比率に直すと「１０５対１００」になる。つまり、１００人の女性に対し男性が１０５人で、男が５人多いけれども、これは総人口での比率で結婚適齢期のものではない。

たとえば80年代出生の男女比率はなんと「１３６対１００」。１００人の女性に対し男が１３６人もいるのである。これは要するに、80年代出生の中国人男性は、１３６人のなかの36人が理論的には一生結婚できないことを意味する。

今後、中国のどれほどの男たちが結婚できないかについて、さまざまな研究機関や専門家から予測が示されているが、本文でも記しているように、ここにきて約３４００万人という数字に集約されてきた。

一部メディアや専門家は残酷にも、こうした男たちのことを「余剰男」と称したことから、「余剰男３４００万人」が流行語となってしまった。同時にそこから生じてくるさまざまな社会問題に対する関心も高まってきている。

農村では年収の10倍にまで高騰している新郎側が差し出す結納金

それでは「余剰男3400万人」からどういう問題が生じてくるのか。

中国人民大学と人口学院の陸益龍教授はメディアに対して、「農村地域における婚姻売買の氾濫や性犯罪の多発」などの問題が生じてくることを指摘している。その一例として同教授が挙げているのが中国メディアでもたびたび取り上げている「天価彩礼」の話である。

天価彩礼の「彩礼」とは、中国古来の婚姻儀礼のひとつで、結婚を正式に決める前に新郎側の家が新婦側の家に一定金額の現金を贈る風習のことだ。

日本の場合の結納金にあたるが、中国でとくに問題となっているのは、その相場の高騰ぶりである。

中国のネット上に流布されている「全国各省彩礼相場一覧表」によると、湖南省、山東省、浙江省などの彩礼平均相場は10万元（約170万円）。それが旧満州の東北地方や江西省、青海省《せいかい》となると、どういうわけか一気に50万元台にはね上がっている。

きわめつきは上海市と天津市で、両大都市の彩礼相場はなんと100万元（約1700万円）台にまで急騰している。

日本の都市部でも「結納金1700万円」となったら、たいていの親は度肝を抜かれてしまうであろうが、貧しい中国の農村部の親にすればなおさら法外な高額である。だからこそ、「天価彩礼」＝「天に届くほどの高い彩礼相場」という言葉が生まれてきたわけである。

中国中央テレビ局が陝西省農村部で行った「天価彩礼」の実態調査によると、たとえば楡林《ゆりん》地区の彩礼相場は、新郎側の家の裕福度により10万元から20万元となっており、宝鶏、隴県などの地域でも相場はほぼ同じであった。

そして全省の農村部を平均すると、彩礼相場は10万元程度となっているが、それは、陝西省農村家庭の平均年収の10倍以上にもなる金額である。年収の10倍以上、日本の感覚でいえば数千万円以上か億円単位のお金を出して嫁をもらうことになっているわけである。

これはもはや「人身売買」同然の世界といえる。

騒乱や暴動の多発要因となる光棍の存在

実際、前述の陝西省農村地域では、「嫁を買う」が日常的慣用句となっている有り様である。

沿岸に近い安徽《あんき》省の場合、彩礼に関する表現で流行《はや》っているのは「万紫千紅」である。中国の人民元の、5元札は紫色を基調とし、100元札は紅色となっているから、万紫千紅とは5元札1万枚、100元札1千枚で総計15万元、それはすなわち彩礼の相場である。しかも、銀行振込は許されないので、新郎の家は実際に「万紫千紅」の札束を新婦の家に運んでいかなければならない。

当然ながら、農村では万紫千紅を婚約相手の家に運んでいく財力のある人は少数しかいない。そうなると、大半の適齢の男たちは結婚したくても結婚できない状況にある。しかも農村部の女性の都市部への〝流出〟が増えていることから、深刻な嫁不足にさらに拍車がかかっている。

こうして農村に住む適齢期の男性にとり絶望的な環境下、いま全国のあちこちに「光棍」(独身)が集まる光棍村が出現している。光棍村の男たちは働く意欲を失い、毎日のように群がって賭博に興じたり、喧嘩《けんか》を繰り返したり、挙げ句の果てには窃盗、強姦、殺人などの凶悪犯罪に走っていく。

これは農村の地域社会にとり深刻な社会問題であると同時に、中国共産党政権にとっても隠れた政治的危機のひとつになりつつある。

もとより経済成長から取り残され貧困にあえいでいる多くの農村地域は人々の不平不満が高まっており、騒乱や暴動が多発する地域でもある。

絶望的状況に置かれている光棍たちの存在はよりいっそう、騒乱や暴動の多発を誘発する要因となっている。

「光棍海外移民論」や「戦争による光棍危機解消論」の恐ろしさ

このような中国が招いてしまった状況を中国メディア、中央政府関係者は「光棍危機」と呼んでいる。

問題は、この危機にどう対応し、解消するかであるが、なかなか妙手が探し出せないのが実情である。

それはそうだろう。そもそも男女人口比率のバランスがすでに崩れたなか、3400万人にも上る光棍たちにあてがう結婚相手は国内にはいない。どんな政策を講じても、彼らに結婚させることは物理的に不可能なのだから。

そんな折、浙江財経学院の謝作詩教授がびっくり仰天の珍解決案を提起した。

「光棍危機を解消するためには、貧困層の男性は数人で1人の嫁を共有すればいい」

この提言はすぐさま全国的な批判を浴びることとなったが、このような荒唐無稽《こうとうむけい》な解決策が大学教授により堂々と提言されたこと自体、中国がその対策に行き詰まっていることの証拠であろう。

次に一部の学者やネット民から提起されたのが、移民政策を進めることによって、結婚問題の活路を海外に見い出すべきというものであった。

要は、中国国内で結婚できない男たちの大軍を海外へ行かせて嫁を探させようという発想だ。けれども、それでは周辺の国々の若い女性たちは、まるで中国政府が引き起こした光棍危機を解決するための道具となっているかのようである。

しかも、中国国内の光棍の大半は農村部の貧困層であるから、外国に移民したとしても、経済力に乏しい彼らがどうして現地の女性を引き寄せて自分の嫁にできるのか。

かりに光棍の移民が実現すれば、それは結局、犯罪の蔓延や暴動の多発などの中国国内の問題をそのまま外国に〝輸出〟してしまうことになる。

もちろん中国周辺の各国政府もそれを知っているから、そう簡単に中国からの光棍移民を許すような愚は犯さないであろう。

それでは中国はどうするか。これに関しては以前、あるネットユーザーは自らの「微博」で、「もはや戦争する以外にない。光棍たちに銃を持たせてどこかの外国を占領し、嫁を現地調達すれば良い」と書き込んで大きな反響を呼んだ。

さすがに政府当局は「まずい」と思ったのか、ただちにそれをネット上から完全に削除してしまった。

しかし、この意見は全国的に拡散され、多くの共感を呼んだことから、「戦争による光棍危機解消論」は決して少数の中国人の戯論《けろん》でないことがわかる。場合によっては将来、光棍危機の解消は、中国という国を戦争へと駆り立てる要因のひとつともなりうるであろう。

結局、犯罪と騒乱輸出の「光棍移民」にしても、「戦争による光棍危機解消論」にしても、万が一それが現実の政策として推進されて大変な迷惑と被害を受けるのは日本を含む周辺国である。われわれはまずそのことを認識しておくべきであろう。

世界一の受験大国の悲惨なる現状を見よ！

88校しかない重点大学を目指す1000万人受験生

知ってのとおり、中国はある意味では世界一の受験大国といえる。大学受験の場合、日本同様の全国統一試験を受ける受験生はピーク時に毎年1000万人を上回ったこともある。近年では多少減ったものの、2017年の受験者数は940万人もいた。同年の日本における大学センター試験の受験者数は57万人程度であったから、規模の違いはもとより、人口に比した受験者数の割合にしても中国のほうが断然高い。

受験者数の規模に対して、2017年度の中国全国の「4年制正規大学」の学生募集人数は370万人であったから、4年制正規大学への進学率は約40％。日本では大学（学部）進学率は49％前後であるから、中国のそれは日本に近づいている。

しかしながら、いまの中国は日本を超える「受験地獄」となっているのが実相だ。「科《か》挙《きょ》制度」を生み出した儒教《じゅきょう》の国らしく、高卒が大学に進学しないことは本人の将来にとって大いなるマイナスになるだけでなく、親にしてもそれはとうてい容認できない。

「あそこの家のバカ息子は大学にも上がれないのか」と陰口をたたかれることは、中国の親にとってこの上ない屈辱だからだ。

中国流の悪《あ》しき儒教的伝統においては、体を動かして仕事をする職人が蔑《さげす》まれる一方、頭を働かして人の上に立つ「読書人」が尊重される風潮がいまも健在である。いまだに技術専門学校などへの進学よりも、やはり4年制正規大学への進学が好まれているのである。

大学受験競争の激化に拍車をかける、もうひとつの重要な要素がある。

中国では政府が全国の4年制正規大学をランク付けして「重点大学」と「非重点大学」に分類しているのである。「重点大学」とは、ようするに中国政府が「質が高い」と認定して重点的にバックアップする大学のことである。

全国にある1219校の4年制正規大学のうち、重点大学に指定されているのはわずか88校である。そして受験生たちにとり、同じ4年制正規大学であっても、重点と非重点の間には天と地ほどの差がある。

なぜか。重点大学を卒業すると、就職活動において非重点大学より断然優遇され、「重点大学卒業」の経歴は一生の財産となるからにほかならない。したがって、重点大学に入ることは、全国の親御さんと受験生の切実な思いである。

その結果、全国の１０００万人近い受験生たちは、わずか88校の重点大学を目指して争うこととなるから、中国の受験戦争の激しさは並大抵でないわけだ。

勉強しすぎて死ぬことはない、だから死ぬほどに勉強せよ！

中国の受験生たちは高校に入ってから、学校と教師と親からなる「勉強せよ包囲網」によってがんじがらめにされ、この三方からのプレッシャーのもとで受験勉強に明け暮れる羽目になる。

親にとっては、子供が受験戦争を勝ち抜いて重点大学に首尾よく入れるかどうかは最大の関心事。高校にとっては、どれくらいの卒業生を重点大学に送り込めるかは学校の評価に関わる死活問題。そして担任の教師にとっては、自分の教え子の何人が重点大学に進学できるかは、教師としての自分に対する評価のみならず、年末のボーナスにも大きく響くから必死である。

たいていの場合、受験生は学校のなかで寝泊まりするから、わずかな睡眠時間と食事を除く全時間は、教師の厳しい指導下で暗記と模擬試験の繰り返しの日々を送る。全国の高校で以前から流行っている名スローガンのひとつに、「勉強しすぎて死ぬことはない。だから死ぬほどに勉強せよ！」というものがある。

受験日があと１００日と迫ってくると、高校は全校をあげて「入試１００日決起大会」や「最終決戦のための誓いの大会」などを開き、長期間の受験勉強で心身ともに疲れ果てて限界を迎えた受験生たちに追い込みをかける。

そして入試前日。ほとんどすべての高校は通常の授業を休み、受験生を含めた全校の生徒のみならず、受験生の親、その高校から重点大学に進学したＯＢ、そして地域の政府幹部を招いて盛大な「出陣大会」を開く。

受験生を激励する言葉が記された旗やプラカードが学校のグラウンドを埋め尽くし、政府幹部に続いて校長、そして受験生の親代表が続々と登壇、受験生たちに檄《げき》を飛ばす。そして最後に受験生一同は「決戦は明日にあり！　重点大学の合格証はわが手にあり！」と、天を衝《つ》く大声で誓いを立てるのである。

こうしたプロセスを経て、その翌日（普通は6月の初旬）、受験生たちはいよいよ運命の2日間を迎えることとなる。入試初日から、中国ならではの感動すべき光景が全国の仮設試験場の外で見られる。受験生を試験場までに送り届けた親たちはそのまま試験場出口付近に一日中立ち尽くして、子供が出てくるのを待っているのである。

毎年の入試にあたって不正行為があちこちで行われるが、いちばん多いのはやはり「替え玉受験」である。闇の業者が「槍手《そうしゅ》＝銃剣士」と呼ばれるプロの受験屋や重点大学の現役の大学生を雇って、さまざまな方法で受験生本人になりすまして試験場に入り、受験生の代わりに試験を受ける。場合によっては、試験場の責任者や入試の監視官を買収して、替え玉受験を敢行することもある。

２０１４年6月、中央テレビ局が「替え玉受験業界」の内幕を暴く番組を放映したことがあるが、この年には河南省1省だけで１２７名の「槍手」が摘発され、逮捕された。もちろんそれは単なる氷山の一角であろう。

若者にそっぽを向かれるようになってきた現代版「科挙試験」

２日間にわたる入試が終わって結果が発表されると、そこからはまた、さまざまな悲喜劇が始まることとなる。

入試に失敗した高校生が自殺したり、行方不明になったりする事件が毎年必ず起きてしまう。その一方、重点大学の合格証明書を手に入れた生徒と親族一同は、無上の栄光と喜びを味わうのである。

昔の中国の科挙試験の首席合格者が「状元」と呼ばれたのに因んで、各地方で実施される大学統一試験でのトップ合格者を「高考状元＝統一試験状元」と呼んで大いに褒《ほ》め称《たた》える習慣がある。

状元となった受験生とその担任教師が地方当局や学校から賞状と賞金をもらうのは普通であるが、状元のために盛大な祝賀会を開いたり、公衆の前で状元に赤絨毯《じゅうたん》の上を歩かせたりする地方もある。

2015年7月、山西省の晋城市では、状元となった受験生が馬に乗って街中をパレードしたことが話題になった。

このように大学受験に合格すれば、とくに状元ともなれば、本人たちにとってあたかも栄光の頂点に立ったかのような体験を得られるのだが、それからの人生が常に栄光の頂点に立てるとは限らない。

ある調査機関がこの数十年来で状元となった若者のその後の人生を追跡してみると、彼らの大半は同世代の人々より格別に優秀であるわけでもなければ、抜きんでて出世できたわけでもなかったことが判明した。

激しい受験戦争は結果的に、知識の暗記だけが〝取り柄《え》〟の人材を大量に生み出したにすぎなかったのだ。

こうした中国流の受験戦争に嫌気がさしたのか、最近、高校を卒業したら国内で進学受験をせずに海外留学の道を選ぶ若者が増えている。

報道によると、海外留学の道を選んだ高卒生は毎年20万人にも達している。そしてその数は毎年20％以上の伸びを見せており、今後、現代版「科挙試験」はますます多くの若者にそっぽを向かれることとなろう。そこにあるのはやはり、中国という国全体の深刻な教育危機である。

第5章

アメリカの本気を読めなかった中国

金正恩の電撃訪中を実現させた中国側の事情

北朝鮮問題に対する関与権・主導権消失への焦り

今年3月27日、北京を電撃訪問した北朝鮮の金正恩《キムジョンウン》朝鮮労働党委員長は、習近平国家主席、王岐山《おうきざん》国家副主席などの中国首脳と会談した。

金正恩の電撃訪中は中国側が要請したのか、それとも北朝鮮側から申し込んだのかはいまだに不明である。ただし中国側が金正恩の訪問を受け入れたこと、金正恩との首脳会談に応じたことは画期的な出来事であった。

昨年春先に北朝鮮危機が高まって以来、中国の習近平政権が北朝鮮に対して本格的にアプローチした痕跡はほとんどないのだが、あのタイミングで中国側が北朝鮮との首脳会談を急いだ理由はいったいどこにあったのだろうか。

理由のひとつはやはり、今年に入ってから急展開を見せた南北対話、米朝対話をめぐる一連の動きにあろう。中国はこれまでずっと、北朝鮮問題への主要な関与者としての立場を保ち、北朝鮮問題の解決にそれなりの〝主導権〟を握っていると自任してきた。

ところが、今年に入ってから、金正恩は南北対話に乗り出したうえに、さらにアメリカとの直接対話にも乗り出した。中国からすれば、自分だけが蚊帳の外に置かれて北朝鮮問題への主導権を失いかねない状況であった。

4月の南北首脳会談に続き、さらに米朝首脳会談が中国の関与なしで実現されることとなれば、北朝鮮問題に対する中国の影響力が極端に低減するのは自明の理であった。

だから、どうしても習近平政権は南北首脳会談と米朝首脳会談の前に中朝首脳会談を行わなければならなかったのだ。金正恩を取り込んだうえで、来るべき南北首脳会談と米朝首脳会談にある程度の影響力を及ぼし、それをもって北朝鮮問題に対する中国の関与権と主導権を維持していく。それこそが習近平指導部が金正恩との首脳会談を急がなければならない最大の理由であったと思われる。

中国が金正恩との首脳会談を急いだもうひとつの理由は、対米関係である。米朝首脳会談の開催が合意された後、北朝鮮問題の解決に中国の協力はもはや重要ではないと判断したトランプ政権は、アメリカと台湾の閣僚や政府高官の相互訪問の活発化を復活させる「台湾旅行法」を成立させたり、中国に対する大規模な制裁関税を課したりして、その矛先を再び中国に向けた。習近平政権にとり、アメリカの攻勢をいかにかわしていくのかは大きな外交上の課題となった。

中朝の思惑は一致したが成果には疑問

したがって、中国にとっては金正恩との首脳会談を行い、北朝鮮への影響力ないし主導権を取り戻すことには大きな意味があったわけである。

そうすることによって習近平政権はトランプ政権に対し、「われわれは依然として北朝鮮に影響力がある。北朝鮮問題の解決にはわれわれ中国の協力は依然として必要だ。アメリカが問題の解決を望むなら、台湾問題や貿易問題などでわれわれをあまり怒らせないほうがよい」とのメッセージを送り、トランプ政権を強く牽制しようとしたのだ。

これまで北朝鮮問題は、常に中国の対米外交の一枚の有力なカードであった。習近平政権は今度、金正恩との電撃首脳会談を実現させたことによって、一時失われそうになったこの一枚のカードを取り戻してトランプ政権にちらつかせたわけである。

以上の2点こそが、中国側が金正恩との電撃首脳会談に漕《こ》ぎつけた狙いである。一方の金正恩もやはり、4月の南北首脳会談とのちの米朝首脳階段に備えて、「中国を後ろ盾につけたぞ」との印象を与えることにより、対韓交渉と対米交渉における自らの立場を強くしておこうとする思惑があったはずだ。

双方の思惑が一致して3月下旬の中朝首脳会談は実現した。会談に臨んだ双方は相手の立場よりむしろ第三者のアメリカを強く意識して、アメリカに対する牽制カードとして会談を利用した。

しかしそうした思惑から習近平と金正恩との首脳会談がなんらかの成果を生んだのかどうかは、いまになってもはなはだ疑問なのである。

再び中国に矛先を向けたトランプ政権

習近平の国家主席再選に知らぬ顔を決め込んだトランプ大統領の変化

本年3月に習近平が国家主席に再選されると、国際社会の慣例にしたがって、多くの外国元首や首脳が相次いで習に祝電などを送って祝賀の意を表した。

振り返ってみると、もっとも突出していたのはロシアのプーチン大統領とドイツのメルケル首相であった。プーチン大統領は習近平再選の当日に祝電を送り、習へ称賛の言葉を伝えた。ドイツのメルケル首相も当日、習に祝賀の電話をかけ、中国との関係強化を訴えた。

翌日の人民日報では、プーチンの祝電とメルケルの祝賀電話の記事が堂々と一面を飾った。

続く19日と20日、人民日報は連続2日間、習の再選に祝電を打った外国元首・首脳のリストを発表した。

注目すべきは、イギリス、フランス、カナダ、日本、豪州などの先進国の首脳がいっさい、それらのリストに登場していないことであった。とにかく20日までには、先進国首脳のなかで習の再選を祝賀したのは前述のメルケル首相以外にはイタリアの大統領と首相くらい。他の国々の首脳たちは揃って知らん顔を通していた。

習近平と中国にとって、もっとも心外かつ衝撃だったのは、なんと言ってもアメリカのトランプ大統領の冷たい反応で、まるで無視するかのような態度をとっていた。

実はそれは、昨年10月に習近平が共産党総書記に再選されたときの、トランプ大統領の対応とはまるっきり違っている。昨年10月25日、習近平が共産党総書記に再選された当日、トランプ大統領は諸先進国首脳のなかでいち早く習に電話をかけ、祝意を自らの口で伝えたのだから……。

アメリカ大統領の立場からすれば本来、外国の一政党（しかも共産党）のトップの再任を祝賀するのは異例中の異例であるが、それでもトランプ大統領は思い切って習近平に祝福の電話をかけた。

ひるがえって中国国家主席の再選は本来、アメリカ大統領が外交上の儀礼として祝賀すべき案件であるが、トランプ大統領は結局、習近平の国家主席再任を無視する態度をつらぬいた。

昨年10月の共産党総書記再任に対する祝賀が異例であれば、国家主席再選の態度も異例中の異例と言うしかない。そしてこの2つの異例の間に、習近平とその政権に対するトランプ大統領の姿勢には驚くべき落差が生じたのである。

北朝鮮問題に対するトランプの度重なる要請にまったく動かなかった習近平

このような大きな変化の背後に何があったのか。考えてみれば、それはようするに北朝鮮問題であろう。周知のとおり、昨春に北朝鮮危機が高まるとトランプ政権は中国の協力を求めるため、2017年を通して習近平政権に友好なる姿勢を示し、緊密な「連携」をアピールしてきた。その当時、トランプ大統領は「私は習近平主席を信じている」、「私は習主席の力を頼りにしている」という台詞《せりふ》を何度も繰り返していた。

しかし一方の習近平は果たして、トランプ大統領の期待に応じて、本気で北朝鮮問題の解決に協力したかとなると、答えはもちろん「NO」である。昨年1年間にわたり、習近平と中国がこの問題の解決に本腰を入れたり、主導的役割を果たしたりするようなことは一度もなかったのは明々白々な事実である。北朝鮮への制裁に関しても、中国は最後まで北への石油の供給を止めることはなかった。

北朝鮮を徹底的に追い詰めるようなことはいっさいせずに、北朝鮮の政治体制の温存に手を貸すことは中国既定の国策であり、中国の国益に適《かな》っているから、習近平は最初からトランプ大統領に協力するつもりはなかった。しかしその一方、米中関係を安定化させ自らの外交成果をアピールするために、習近平は一貫して、果たすつもりのない「協力」の約束を表明してトランプ大統領を喜ばせてきた。

おそらく今年に入ってから、トランプ大統領は習近平の「空約束」の欺瞞《ぎまん》性に気づき、中国は北朝鮮問題の解決に本腰を入れて協力しないことを悟ったのであろう。それはまた、トランプ大統領が北朝鮮の金正恩との直接対話を決断した理由のひとつであろう。

中国と習近平が頼りにならない以上、しかも軍事攻撃の選択肢が平昌《ピョンチャン》五輪以来の南北対話の展開によってしばらくは封じ込められた以上、トランプ大統領としては、北朝鮮と直接対話する以外に道がなくなってしまった。

中国と習近平に対するトランプ大統領の態度は大きく変わらざるを得なかったのである。習近平に裏切られたと感じたとき、そして習近平が頼りにならない男だと判断したとき、トランプ大統領に習近平に対する憤懣《ふんまん》や嫌悪などの感情が生まれてもおかしくはない。

そしてこのトランプ大統領こそは自らの感情をむき出しにし、自らの感情にしたがって政治的行動をとるという〝珍しい〟指導者の典型であるから、習近平に対する悪感情がただちに、習近平の国家主席再選を無視するという異例の対応に表れたのではないかと推測できよう。トランプ大統領の習近平に対する態度の激変には、このような感情的要素があることは否めない。

台湾旅行法案の成立は中国の核心利益に対するアメリカの挑戦

当然ながら、トランプ大統領の中国と習近平に対する態度の変化はこうした個人的感情がもたらしたものだけではない。トランプ大統領がこれから始めようとする北朝鮮との直接対話それ自体は、トランプ政権の対中国姿勢に大きな変化をもたらす重要な要素である。

前述のように、昨年1年間にわたり、トランプ政権は北朝鮮問題への対処のために、習近平に頭を下げて協力を求めてきた。しかし、米朝対話によりある程度の問題解決への道が開かれるのであれば、トランプ政権にとって、中国と習近平はもう要らないのである。

つまり、トランプ大統領は北朝鮮が直接対話に応じたことを契機に、中国の影響力を排除して、この問題を〝人質〟にした中国のアメリカに対する外交的優位を一気に崩したわけである。

だからこそ、トランプ大統領は習近平の国家主席再任を無視するような態度を平気で取れるようになった。実はそのとき、トランプ大統領は習近平国家主席の再任を祝うどころか、むしろ習近平の顔に向かって、強烈なパンチを喰《く》らわせたのであった。

3月16日、習近平が国家主席に再任されるその前日、トランプ大統領はアメリカと台湾の閣僚や政府高官の相互訪問の活発化を目的とした超党派の「台湾旅行法案」に署名し、同法が成立した。

アメリカは１９７９年の米台断交と台湾関係法の成立後、米台高官の相互訪問を自主的に制限してきた。しかし台湾旅行法の成立で、閣僚級の安全保障関連の高官や将官、行政機関職員などすべての地位のアメリカ政府当局者が台湾に渡航し台湾側のカウンターパートと会談することや、台湾高官がアメリカに入国し、国防総省や国務省を含む当局者と会談することが可能になるだけでなく、トランプ大統領の訪台や蔡英文《さいえいぶん》総統のワシントン訪問が理屈の上では可能になった。

つまりアメリカは、この法律を成立させることによって実質上、台湾をひとつの独立国家として認め、独立国家として対処していくことになる。しかしながらそれは、「台湾は中国の一部であり、中華人民共和国は唯一の中国である」という中国政府の立場を根底からひっくり返したものであって、中国の「核心利益」に対するアメリカの公然たる挑戦といえる。

そういう意味では、トランプ大統領が同法案に署名してそれを成立させたことは、少なくとも中国の立場からすればまさしく中国の主権と国益を大きく侵害したものであって、中国に対する明らかな敵対行為である。

おそらくトランプ大統領はそれを百も承知の上で署名の決断をしたのであろう。

トランプが習近平を見限ってから本格化したアメリカの対中貿易戦争

しかし、よく考えてみれば、中国に対するこのような姿勢はむしろ、トランプ大統領とトランプ政権がもともと備えている、本来の性質といえる。

トランプが大統領に当選する以前から貿易赤字などの問題で中国を激しく批判していたことは周知のとおりであり、大統領になったばかりの昨年1月、台湾の蔡英文総統に電話をかけて中国を激怒させた「前科」もあった。

つまり、それこそがトランプ大統領と彼の政権の中国に対する本来の姿であったはずだ。ところが、昨春に北朝鮮危機が深刻化してくると、習近平政権の協力を求めるためにトランプ大統領は矛先を収めて、中国との友好関係を保っていくしかなかった。

しかし、習近平が頼りにならないと見限り、そして北朝鮮との直接対話に漕ぎつけた以上、トランプ大統領は対中戦略を180度切り替え、中国に遠慮することはもはやない。いったん収めた矛先を再び、中国に向け始めた。

むろんトランプ政権の中国に対する攻勢は台湾問題だけではない。3月、トランプ政権が発表した鉄鋼とアルミニウムの輸入品に対する追加関税が中国を強く意識したものであることは論を俟《ま》たない。

トランプ大統領は対中貿易赤字解消のため、対中国貿易戦争に踏み切ったのである。4月、米通商代表部（USTR）が中国を対象とした500億ドル相当の追加関税リストを発表したのを皮切りに、トランプ政権の攻撃はとどまるところを知らない。

トランプ政権の攻勢に中国がどう対処するのか、それこそは2期目の習近平政権にとっての外交上の最大の難題であり、新皇帝・習近平の頭痛のタネであろう。

アメリカの攻勢をうまくかわすことができなければ、習近平政権は外交的にかなりの苦境に立たされるであろう。トランプ大統領のみならず、先進国首脳のほとんどが習の国家主席再選に祝いのメッセージを送らなかったことは、習近平外交のますますの孤立化を暗示しているのではないか。

「中国すごい論」を覆した中興通訊（ZTE）の致命的弱点

きっかけはZTEによるイラン、北朝鮮への禁輸措置違反

中国にはファーウェイ、OPPO、シャオミなどの大手スマホメーカーが存在するが、中興通訊《ちゅうこうつうじん》（ZTE）もその一角を占める。広東省深圳《しんせん》市に本社をおき、従業員9万人以上、

通信設備や通信端末の開発および生産を事業とする大手企業である。

ZTEは海外市場において強みを発揮しており、世界160カ国、地域でスマートフォンなどの携帯電話端末を発売している。2016年にはアメリカでのスマホ・シェアが4位、スペインとロシアで2位、ヨーロッパ全体でシェア4位にランクされるなど、欧米のスマホ市場で大きな存在感を示している。

日本においてもZTEジャパン株式会社という子会社を設立して、NTTドコモ、AU、ソフトバンクの大手3社に携帯電話端末を供給するほか、イオンモバイルや楽天モバイルなどにも端末を供給している。

世界市場における「Made in China」製品の大半が低付加価値の「安かろう悪かろう」であるなか、ZTEの製品が世界の通信端末市場でそれほどのシェアを占めていることはまさに奇跡的なことである。ある意味ではZTEのような先端企業こそが中国製造業の希望の星であり、同社の飛躍は最近流行の「中国凄い論」を裏付ける根拠のひとつでもあった。

ところが、中国が誇るこの代表的な先端企業は突如、存亡の危機にさらされてしまった。アメリカ商務省がZTEに対するアメリカ製品の禁輸措置に踏み切ったからである。本年

4月16日、アメリカ商務省はアメリカ企業に対し、ＺＴＥへの部品輸出などの取引を7年間禁じる措置を発表した。イランと北朝鮮への禁輸措置違反に絡み、ＺＴＥが再発防止策について虚偽の説明をしたことが理由とされている。

このタイミングで禁輸措置が発表された背景には当然、いま展開されている最中の米中貿易戦争があったのであろう。

アメリカ商務省が発表したこの禁輸措置によって、なぜ中国の代表的な通信機器メーカーであるＺＴＥは、いきなり廃業になりかねないような窮地に立たされたのだろうか？

アメリカ商務省の禁輸措置の発表を受け、ＺＴＥの殷一民《イエンイーミン》会長は4月20日に緊急の記者会見を行い、「このままではわが社は生産停止に陥ってしまい、9万人以上の従業員の仕事をする権利が奪われる」と訴えた。

4月21日付の『経済観察報』はＺＴＥ傘下の一部企業では生産ライン停止や千人単位の従業員の臨時休暇が実施されたと報じた。

中国ではつくれないハイレベル集積回路

アメリカ商務省が自国企業の製品の禁輸を発表すると、中国の代表的な先端企業がただちに生産停止の危機に立たされてしまう。それはいったいどういうことなのか。キーワードとなるのは集積回路である。

チップあるいはＩＣとも呼ばれる集積回路は、小さな基板上または基板内に多数の回路素子を高密度に集積した超小型の電子回路である。多くの電子機器の心臓部分としての役割を果たしており、ラジオ、テレビ、通信機、コンピュータなどあらゆる電子機器に用いられている。

集積回路を開発・製造するには高度な技術と複雑な工程が必要とされており、時には、1枚のチップを製造するために5000以上の工程を要する。

ＺＴＥが主力製品のスマホなどの末端機器をつくるためには当然、集積回路が必要不可欠、大前提なのである。そして現状、ＺＴＥが使用する集積回路のほとんどはアメリカのクアルコム社から調達している。したがって、アメリカ商務省がＺＴＥへのアメリカ企業の製品輸出を禁ずると、肝心の集積回路が入手できず、主力製品がつくれない。

それではＺＴＥは他国のメーカーや中国国内メーカーからの調達に切り替えればよいで

はないかという向きもあるだろうが、それは簡単な話ではない。

世界広しといえども、ハイレベルの集積回路を量産できるメーカーはアメリカ企業以外にそう多くはないし、中国国内企業はもとよりそれをつくれないからだ。

国内企業ではつくれないからこそ、中国は毎年海外から大量の集積回路を輸入している。たとえば2017年には、中国が海外から輸入した集積回路の数は3770億枚にのぼり、輸入額は2601億ドル。この数字は中国の2017年の輸入総額の14・1％を占めており、中国が石油の輸入に払った代金の約1・6倍にも達する。

中国製のあらゆる電子機器の心臓部分をつかさどる集積回路は、結局、海外からの輸入に頼っているわけである。だから、いったん海外からの輸入が途切れてしまうと、中国企業はスマホ1台すらつくれない。

これが先端領域の中国製造業の惨めな現状であり、アキレス腱《けん》でもある。ZTEが直面している危機は、まさに中国製造業の脆弱《ぜいじゃく》性の象徴であろう。

知的財産の保護がなおざりにされている中国の弱みが露呈

それでは中国国内企業はなぜこれまで自前の集積回路の開発・製造に力を入れてこなか

ったのか。その理由も実に〝簡単〟である。集積回路の開発には莫大な資金と時間をかけなければならない。金儲け主義一辺倒の中国企業からすれば、そんなコストをかけて自力で開発するよりも、海外から調達して、完成品を生産して売ったほうが早く儲けられるからだ。

そしてもっとも肝心な問題は、中国においては知的財産権がきちんと保護されていないことである。中国企業が莫大なコストをかけて新技術を開発しても、それはたちまち競合企業に盗まれるため、どこもそんな馬鹿げたことはやりたがらないのである。

その結果、中国製造業が必要とする、もっとも肝心な部品を外国企業に頼ることになってしまった。

最近、中国国内で決済システムの電子化が進んでいる現象を見て、「中国が凄い、すでに日本を超えている」という論調が流行っているようだが、それはあくまでも表面的な現象にすぎない。「中国が凄い」という表面的な現象の背後にあるのは、実は、前述のような中国製造業の脆弱さである。今回の「ＺＴＥショック」は、このことを見事に示してくれているのである。

言葉を換えれば、知的財産の保護がなおざりにされている中国の国家としての弱みが露呈したといえよう。

なお、その後ＺＴＥは制裁解除を求めてアメリカ商務省と交渉、７月末にはＺＴＥが10億ドルの罰金を支払うほか、４億ドルの預託金をアメリカ系銀行に供託する条件を受け入れたとの報道がなされた。

結局、ＺＴＥは３カ月にもわたる生産停止に追い込まれた。アメリカの要求にしたがい、経営陣を刷新した後の７月13日、ようやく制裁解除となった。

だが、香港、深圳株式市場における株価はボロボロ、ＺＴＥの社会的信用は失墜した。

ちなみに２０１８年１～６月期の同社の最終損益は78億元（約１２８０億円）の赤字であった。

第6章

米中貿易戦争は経済構造の弱みを徹底的に突かれた中国の惨敗に終わる

貿易黒字と外貨準備高の大幅減という致命的なダメージを受ける中国

トランプ政権にとり転機となった米朝首脳会談の実現

今年7月6日、アメリカ政府は自国の技術や企業機密を盗んだことへのペナルティとして、340億ドル相当（約3兆7785億円）の中国からの輸入品に対し25％の追加関税を課す制裁関税を発動した。

中国はこれに猛反発、アメリカからの輸入品に対する同規模の報復関税を課すと発表。応戦するアメリカは7月10日、中国から輸入する2000億ドル（約22兆2000億円）相当の製品に10％（のちに25％に変更）の関税を上乗せする追加制裁を行うと正式発表した。

世界1位、2位の経済大国が全面衝突する**米中貿易戦争**の勃発である。

仕掛けたのはアメリカのほうであるが、その背景は言うまでもなく、アメリカが抱えている対中貿易における莫大な赤字である。2017年、アメリカの中国からの輸入総額は

4297億ドルであるが、中国に対する輸出総額は1539億ドル。簡単に計算すれば、2017年においてアメリカの中国に対する貿易赤字は2758億ドル（約30兆5000億円）に達している。

このような莫大な貿易赤字は長らく米中間の大問題のひとつとなってきたが、対中貿易赤字の解消を大きな政策目標とし本気で動いたのは、いまのトランプ政権が初めてだといえる。

周知のとおり、トランプは大統領選挙中から対中貿易赤字の問題を頻繁に持ち出して中国を批判し、貿易赤字の解消を選挙公約として掲げていた。そして昨年1月に大統領に就任した直後から公約どおり、中国側に貿易赤字是正を強く求めた。

しかしその後、アジア情勢に大きな変化が起きた。昨春から北朝鮮の金正恩政権が数度にわたる長距離弾道ミサイルの発射実験を行い、アメリカと同盟国に緊張をもたらした。これを受けてトランプ政権は北朝鮮危機への対応に専念するため、中国に向けた矛先をいったん収めることを選択した。

トランプ大統領は昨年1年間、北朝鮮に影響力をもつとされる中国の協力を求めるため、習近平政権と表面的には仲良くする道を選んだ。

しかし今年6月に、史上初の米朝首脳会談が実現、状況は大きく変わった。首脳会談を通して北朝鮮との緊張をある程度緩和したトランプ大統領は、就任以来の既定路線に戻って中国に再び矛先を向けることとなった。

突出して高い中国の対外貿易依存度

北朝鮮危機がいったん落ち着くと、トランプ政権は初心に帰り、対中貿易赤字是正のための貿易戦争に踏み切った。

それでは一方の中国にとって、アメリカから仕掛けられた貿易戦争はいったい何を意味するのか？　習政権には貿易戦争に勝ち抜く勝算があるのか？

こうした問題を考えるためには、まず、貿易戦争の原因となった貿易赤字、すなわち中国のアメリカに対する貿易黒字は、中国にとってどのような意味を持つものなのかを考察する必要があろう。

前述のように、中国のアメリカに対する貿易黒字は２０１７年には２７５８億ドルにまでふくらんでいるが、この巨額の対米黒字を含めて、４２２５億ドルにもおよぶ対外貿易黒字は中国の経済と政治にとって大変重要な意味を持つものである。

中国の対外貿易黒字を生み出す原動力は当然ながら、中国の巨額に上る対外輸出にほかならない。

中国国内でよく使われる経済用語のひとつに「3台の馬車」がある。これは中国経済の土台を支え、これまで高度成長を牽引してきた3つの原動力を意味する。

それは**「消費」**、**「投資」**、**「輸出」**であるが、この3つのなかで牽引力がもっとも弱いのは消費であった。消費について言えば、牽引力というよりはむしろ、慢性的な消費不足に悩まされ続けてきた感が強い。

たとえばGDPに占める個人消費率を見ると、日本が60%前後、アメリカが70%前後であるのに対し、中国の個人消費率はわずか37%前後でしかない。

中国のGDPに占める14億人の国民消費の割合は4割にも満たない。ということは、GDPの残りの6割以上は投資部門、輸出部門に頼っているわけである。

つまり、内需が決定的に不足している分、中国はこれまで4半世紀にわたって、国内の固定資産投資（不動産投資や公共事業投資等）の拡大と、対外輸出（外需）の拡大で経済成長を引っ張ってきたのである。

投資と輸出の拡大が中国経済にとってどれほど重要であるかがよくわかる。ここにきて不動産投資や公共事業投資が飽和状態となって伸び率が落ちているなか、対外輸出の拡大あるいは安定を保つことは、中国経済にとってよりいっそう重要性を増している。

一般的には、経済規模の小さな国ほど経済の対外依存度が高い傾向がみられるものだが、世界第2位の経済大国である中国の場合、経済の貿易依存度（2016年）は33・3％にも達している。

これは日本の25・4％、アメリカの19・9％を大きく上回っており、対外輸出に大きく依存しているのはまさに中国経済の一大特徴なのである。

輸出の大幅減がもたらす失業の拡大

その意味では、中国の対外輸出を直撃する貿易戦争は中国経済にとり深刻な打撃になることは明々白々である。中国の経済成長の頼みの綱は輸出であるが、その輸出における最大の相手国、最大の得意先はアメリカなのだから。

そのアメリカが中国からの輸出品に25％という法外な追加関税を課すのは、中国経済にとり由々《ゆゆ》しき事態であることは論を俟たない。

通常の関税のうえにさらに25％の追加関税を課されるとなると、対象となる商品の輸出自体がもはやできなくなり、輸出を止められたのと同然である。

ごく単純に計算してみると、仮にアメリカが中国からの４２９７億ドル相当の輸入品全部に25％の追加関税を課すことになると、中国は対外輸出総額の２兆２６３４億ドルのうちの約2割も失うこととなり、輸出頼みの中国経済には衝撃的な打撃となろう。

輸出が大幅に失われることによって生じてくるもうひとつの大問題は、「失業の拡大」である。いま中国全体で輸出向け産業は８０００万人の雇用を生み出していると言われている。仮に輸出が１～２割減少するならば、千万人単位の失業者が生まれる計算になる。

それは、すでに深刻化している中国の失業問題に拍車をかけ、社会的不安の高まり、暴動の多発を誘う原因となりかねない。そしてそれはそのまま、中国共産党政権にとっては深刻な政治問題ともなるのである。

中国は輸出大国であるとともに輸入大国でもある

輸出の大幅減が与えるもうひとつの問題は外貨準備高の減少で、実はこれもまた中国にとり深刻な政治・経済問題となってくる。

中国はこれまで、アメリカを筆頭とする世界各国に大量のモノを輸出して年に4000億ドル以上の貿易黒字を稼いできたが、中国の稼いだ貿易黒字の大半はそのまま、中国の持つ外貨、すなわち外貨準備高になってきた。

2018年6月末、中国は世界一の3兆1120億ドルの外貨準備を持っているが、それは中国経済のみならず、中国内の国民生活、そして外交と政治にとって、なくてはならない「虎の子」となっている。

また、いまの中国は食糧輸入大国となっており、2017年には世界各国から1億3062万トンの食糧を輸入、大豆と米の輸入量は世界一である。14億人いる中国国民は1人当たりで年間約100キロの食糧を輸入している計算になるわけで、中国の食糧の対外依存度が非常に高いことがよくわかる。

その一方、中国は石油輸入大国にもなっている。2017年、中国の石油輸入量は4億1957万トン、2億トンにも満たない日本の石油輸入量の倍以上となっている。

中国が海外から大量に輸入しているのは何も食糧や石油などの一次産品だけではない。中国自身の製造業を支えるために、毎年海外から付加価値の高いハイテク製品・部品を輸入しなければならない。

たとえば中国製のスマホ、コンピュータ、ラジオ、テレビをはじめ、あらゆる電子機器はその心臓部分に使われる集積回路を海外からの輸入に頼っている。先にも述べたとおり、2017年には海外から3770億枚の集積回路を輸入している。こうしたハイテク技術を用いる部品・製品の輸入無しでは中国の製造業が成り立たないのは明々白々なことである。

このように国民生活に直結する食糧、経済と産業全体を支える石油、ハイテク技術を用いる部品・製品に至るまで中国は輸入に依存している。輸出大国であると同時に輸入大国にもなっている中国は膨大な輸入を支えるため、豊富な外貨準備高を持たなければならない。

そのためには莫大な貿易黒字を稼がなければならない。貿易戦争の影響で黒字が消えて外貨が減ってしまうと、肝心なところで輸入に頼っている中国の産業がダメになるだけでなく、食糧の安全までもが脅かされてしまい、社会的・政治的不安が拡大するのは必至であろう。

貿易戦争を仕掛けたアメリカ側にはダメージはないのか

こうして見ると、莫大な貿易黒字を稼ぐことと、莫大な外貨準備を持つことが中国経済の安定、そして社会全体の安定にとっていかに重要であるかがわかる。

加えて、中国が「一帯一路」と称する国際的投資プロジェクトを進めていくためにも投資資金としての豊富な外貨を持たなければならないし、南シナ海戦略の推進に当たって一部の関係国を経済援助で籠絡《ろうらく》するためにも外貨は必要である。

さまざまな意味において、対外貿易から稼ぐ黒字と、黒字から生じる外貨準備は、中国の経済・産業・政治・外交にとっての欠かせない虎の子なのである。

けれども、中国に対する貿易赤字（すなわち中国にとっての貿易黒字）の是正を目標としたアメリカとの貿易戦争は、中国の対外輸出を直撃、中国が稼ぐ貿易黒字と外貨準備の大幅減につながることになる。

これは中国からすれば、アメリカが仕掛けてきた貿易戦争は単なる貿易領域の問題ではなく、中国経済と産業全体、政治と外交すべてに大打撃を与えようとするものである。

いま貿易戦争を仕掛けられた側の中国は大変な苦境に立たされている。

一方のアメリカも中国との貿易戦争にあたり、中国への輸出品に報復の追加関税を課されることでそれなりの損失をこうむるのだが、相手の中国ほど深刻な問題にはならない。中国とは違い、アメリカはそもそも食糧や石油の輸入国ではなく、輸出大国であるからだ。産業を支えるハイテク技術・製品の面ではアメリカは主導権を握る産出国になっている。

そして前述のように、そもそもアメリカ経済の貿易依存度は中国よりはるかに低い。したがって、アメリカは中国との貿易戦争において一定の経済損失をこうむるものの、それがアメリカの経済・産業に重大な影響を及ぼすものでもなければ、アメリカの政治や外交の根幹に関わる問題でもない。

だから、アメリカは強気の姿勢で中国に対する史上最大の貿易戦争を仕掛けることとなった。一方、仕掛けられた中国は、これからの戦争を制するのにどのようなカードを持っているのであろうか。そして中国はいままでこうした貿易紛争に際してどのようにして対処してきたのか。そのあたりの考察を深めてみようと思う。

アメリカのちゃぶ台返しに衝撃を受けた中国

対米貿易戦争に最後まで付き合うと表明した中国商務部

アメリカから仕掛けられた貿易戦争に、中国はいったいどう立ち向かっていくのか。中国にはこの貿易戦争を勝ち抜くほどの体力と勝算があるのか。習近平主席の手中には、この貿易戦争を制するためのカードはどれほどあるのか。

これらは貿易戦争の行方と中国の今後の運命を占う上で大変重要な問題となっているのだが、検証する前に今日に至るまでの米中貿易戦争の経過を簡単にさらってみよう。

トランプ政権が貿易戦争の号砲を鳴らしたのは、今年3月22日（アメリカ時間）のことであった。この日、トランプ大統領は大統領令に署名して、中国による知的財産権の侵害を理由に、500億ドル（約5・2兆円）相当の中国製品に高関税を課す制裁措置を正式表明した。

翌日23日、アメリカ政府は中国などを対象に、アメリカへの鉄鋼やアルミ輸出に対する制限措置を発動した。

一方、3月23日に中国商務部は「貿易戦争恐れず」としたうえで、アメリカからの鉄鋼や豚肉などの輸入品30億ドル（約3147億円）相当に相互関税を課す計画を発表。翌24日、人民日報は「（アメリカが）貿易戦争をやるなら、最後まで付き合おう」との記事を掲載、最後まで徹底抗戦を行うと表明した。

アメリカが中国産を含む鉄鋼やアルミニウムの輸入を制限したことへの対抗措置として、中国国務院（政府）は4月1日、アメリカ産の豚肉やワインなど計128品目に最大25％の関税を上乗せすると発表し、2日から実施した。

5月3日、ムニューシン財務長官、ライトハイザー通商代表部代表らアメリカの担当チームが北京を訪れ、中国の劉鶴《りゅうかく》副首相らとの通商協議を行った。

同協議においてアメリカは中国に対し、2020年までに対中貿易赤字を2000億ドル（約21兆8000億円）削減するよう求めたが、中国側はそれを拒否、協議は物別れとなり共同声明の発表もなかった。

5月17日、ムニューシン財務長官らアメリカチームと劉鶴副首相を中心とする中国チームがワシントンで2回目の通商会議を行った。その結果、中国側はアメリカが求める貿易不均衡の是正に向け、米農産物などの大幅な輸入拡大に同意したものの、アメリカ側が要求する対米貿易黒字を2000億ドル削減する数値目標の設定には反対し、最終合意に向けた交渉を継続する見通しを示した。

アメリカからの輸入拡大は国民生活と福祉に貢献するとまで書いた人民日報

トランプ政権のクドロー国家経済会議（NEC）委員長が5月18日のアメリカのテレビ番組で、「中国は（アメリカの）多くの要望に応じている」と語ったのに対して、中国国営の中央テレビは19日、「豊富な成果があった」と強調した。この2回目の協議によって米中貿易戦争の発動が回避できるのではないかとの楽観的な観測もあった。

20日付の人民日報は、「双方はアメリカの対中貿易赤字を減らすために有効な措置をとることで合意した。中国側はアメリカの製品やサービスの購入を大幅に増やす」と発表。ただし、アメリカが求めていた対米貿易黒字の2000億ドル削減への中国側の言及はなかった。ムニューシン米財務長官は同日、米中貿易戦争をいったん「保留」にすると述べた。

同じく20日付の人民日報は、「わが国の輸入拡大は国民生活と福祉に貢献する」とのタイトルで「専門家インタビュー」を掲載し、アメリカからの輸入拡大を正当化するための国内世論づくりに着手した。

6月2日、アメリカ政府のロス商務長官らと中国の劉鶴副首相は北京で3回目の通商協議を行った。5月17日の協議からわずか2週間後に開かれたこの協議はどういう意味づけなのかは不明であるが、2回目協議の合意事項が再確認されたものと見られる。

協議後に発表された中国政府の声明は「積極的で具体的な進展をとげた」と評価する一方、輸入拡大などの合意事項は「貿易戦争をしないことが前提だ」と指摘したうえで、アメリカが対中制裁に動けば「双方が合意した成果が効力を生じることはない」と警告した。

この声明をもって中国政府は、協議すべきところは協議を尽くし、譲歩できるところは譲歩したとの見解を示したうえで、中国側の譲歩と引き換えに、アメリカ側に貿易戦争の発動を断念するよう求めた。

つまりこの時点で中国側としては、協議はこれで終了、あとはアメリカの判断と動向次第との態度であった。

制裁関税発動にあわてて応戦を強いられた中国

しかし6月15日、アメリカ政府は、中国の知的財産権侵害への制裁措置を発表した。知財侵害の被害額と〝同規模〟である500億ドル相当の中国製品に25％の追加関税を課すというもの。まず7月6日に340億ドル相当の制裁関税を発動し、残りの160億ドル分は一般の意見聴取後に発動するとした。

それに対して中国商務部は翌16日、報復措置として659品目、総額500億ドル相当のアメリカ製品や農水産品に25％の追加関税を課すと正式発表した。

6月18日、トランプ大統領は、新たに2000億ドル相当の輸入品に10％の追加関税を検討するようアメリカ通商代表部（USTR）に指示したと語った。

そして7月6日、アメリカ政府は6月15日に発表したとおり、340億ドル相当（約3兆7785億円）の中国からの輸入品に対し25％の追加課税を課す制裁関税を発動した。

その4日後の7月10日、アメリカ政府はさらに、追加で2000億ドル相当の中国製品に10％（のちに25％へと増加）の追加関税を適用する方針を発表、新たな対象品目リストを公表した。

つまりトランプ大統領とアメリカ政府は5月18日の時点で達成した米中貿易合意と中国

がアメリカからの輸入増加を約束したことを完全に〝無視〟した形で、中国に対する貿易戦争に敢然と踏み切った。

「ある程度の譲歩で貿易戦争は回避できる」という中国側の甘い期待、あるいは淡い期待が完全に裏切られた瞬間であった。中国政府はあわてて応戦することとなった。

7月10日にアメリカ政府が追加で2000億ドル相当の中国製品に10％の関税を適用する方針を発表したことを受け、中国商務部報道官は「震驚＝ショックと驚き」という言葉を使って中国が受けた衝撃の大きさを表した。アメリカ側がそれほどの決意で史上最大規模の貿易戦争に踏み切ったことは、中国側にとっては意外であると同時に大変由々しき事態である。

中国にとっての問題の深刻さは、中国自身がアメリカとの貿易戦争においては圧倒的に不利な立場にあり、勝てる見込みはほぼないことに集約されよう。

あまりにも多い中国が劣勢を強いられる要因

中国が不利な立場にある理由のひとつは、輸入量の圧倒的な差にある。2017年、アメリカの中国からの輸入総額は4297億ドルであるのに対し、中国のアメリカからの輸入総額は1539億ドル。理論的には、アメリカが4297億ドル分の中国からの輸入品に対し制裁関税を課すことができ、中国がアメリカからの輸入品に関税を課すことができるのは1539億ドルだから、どう考えても分が悪い。

だからこそ、7月10日にアメリカ政府が追加で2000億ドル相当の中国製品に10%の追加関税を適用する方針を発表したのに対し、中国政府は同等規模の報復措置をとることができないことから、「必要な報復措置をとる」とお茶をにごす以外になかった。

言いかたをかえると、万が一、アメリカが中国からの輸入品全体の4297億ドル分に対し制裁課税するようなことになると、中国政府は量的にその措置に対抗する手段はもはやないわけである。

中国がアメリカとの貿易戦争で不利な立場にあるもうひとつの理由は、両国の経済体質の大きな相違にある。中国経済の対外依存度はそもそもアメリカのそれよりもはるかに高い。先にもふれたけれど、貿易依存度はアメリカがGDPに対して19・9%であるのに対し、中国は33・3%。経済の貿易依存度の高い国ほど貿易戦争に弱いのは決まっている。

さらに言えば、中国はいま、食糧輸入大国と石油輸入大国となっており、国民生活と経済の安定化のためには、食糧と石油を大量に購入できる外貨を貿易で稼がなければならない。しかしアメリカはその逆で、石油も食糧も対外依存はしていない。つまり中国よりも、アメリカのほうがはるかに貿易戦争に耐えることができる体質なのである。

独裁国家であることが中国の唯一の強み

以上見てきたように、今回の対米貿易戦争において中国にはまず勝ち目がないわけであるが、ひとつだけ中国側には強みがあり、それはすなわちアメリカ側の弱点でもある。ようするに中国は独裁国家であるがゆえに、貿易戦争において企業や国民生活が大きな被害を受けたとしても、国内の反発や批判を簡単に抑えつけることができるから、中国政府が国内から揺さぶられることはない。

対するアメリカは民主主義国家であるから、貿易戦争となると、被害を受けた業者や消費者から反発が広がり、政府の決意が揺らぐ可能性がある。それがトランプ政権の最大の弱みとなろう。

しかし総じて言えば、この度の貿易戦争において中国が圧倒的に不利な立場にあることは明々白々な事実である。

中国自身もそれはよく承知している模様だ。今年3月に貿易戦争の発動が取り沙汰《ざた》されて以来、中国政府はこの問題に関するあらゆる談話や声明において、一貫して「これはアメリカにより強いられた戦争であって、中国はできるならやりたくはない」と強調してきた。これは中国政府の紛《まご》うことなき本音であろう。

実際、今年5月17日の米中貿易協議において中国側は譲歩し、アメリカからの輸入を大幅に増やすことを約束した。中国側としてはやはりアメリカの対中貿易赤字の削減に協力することにより、米中貿易戦争の発動を回避したかったのであろう。先にもふれたとおり、協議後、人民日報はさっそく「専門家インタビュー」を掲載し、「輸入を増やすことは人民のためになる」という世論づくりに着手した。これを見ても、中国政府の本音が手に取るようにわかる。

それに対してなぜアメリカ側は協議を通して、せっかく取り付けた「輸入を大幅に増やす」という中国側の約束を無視して貿易戦争の発動に踏み切ったのか。

それに関する分析は筆者の専門分野を超えているのでアメリカの専門家に委《ゆだ》ねるしかない。

とにかく中国側としては貿易戦争を回避したかったこと、アメリカが予想に反して貿易戦争の発動に踏み切ったことに対して大きな衝撃を受けたのは事実であろう。

貿易協議の中国側責任者に側近の劉鶴を選んだ習近平の大失策

今年3月からトランプ政権が対中貿易戦争の発動に向けてさまざまなプレッシャーをかけ続けてきたなか、中国の習政権はどのような対応策をとってきたのか。

習政権の対処法は結局、「やられたら必ずやり返す」との強硬姿勢を示すことでアメリカを牽制する一方、水面下では大幅な譲歩をすることによってアメリカの態度軟化をうながすという硬軟織り交ぜた両面作戦であった。

しかし結果的には、「やられたら報復するぞ！」との恫喝はトランプ政権の行動を思いとどまらせることにはならなかった。のみならず、340億ドル分のアメリカからの輸入に対する報復課税が、中国からの2000億ドル分の輸出品に対する制裁課税を招いたように、中国側の報復は逆に中国が望んでいない貿易戦争の拡大につながってしまった。中国流の恫喝は完全に〝裏目〟に出たわけである。

一方、譲歩によりアメリカの態度を軟化させようとする手法も結局、貿易戦争の発動を食い止めることができなかった。言ってみれば、中国政府が必殺の剣だと思って使ってきた「アメとムチ」は両方とも効力を発揮することができず、貿易戦争の発動を未然に防ごうとした中国側の対米外交は完全に失敗に終わった。

こうした失敗を招いた原因はやはり、習近平政権が貿易戦争に臨むトランプ大統領とアメリカ政府の決意を軽く見過ぎたことにあるのではないか。

その証拠のひとつに、対米通商協議にあたる中国側の布陣がある。今年5月以降、米中通商会議は3回にわたって行われたが、中国側の責任者は一貫して国務院副総理(副首相)の劉鶴であった。

劉鶴は共産党政治局員ではあるが、4人いる副総理のなかで序列最下位、政府における地位はそれほど高いとは言えない。しかも、彼はアメリカ留学歴のある経済官僚ではあるが、これまで対米交渉に関わったことは一度もなかった。

劉鶴が米中貿易協議の中国側の責任者に選ばれた最大の理由は、彼が習近平国家主席の側近中の側近であって、なおかつ習主席の経済ブレーンであることだろう。習主席は側近の劉鶴を使い、トップダウンで対米通商交渉にあたった。

それが失敗に終わったいま、劉鶴の責任問題になりかねない事態となっているし、習主席自身の指導力も疑われて政治的威信が大きく傷つく結果となった。

なんと言っても、劉鶴という門外漢を対米交渉の責任者に起用したことは、習主席の大失策であり、彼自身がトランプ政権の決意を軽く見たことの証拠でもあろう。

決断を迫られる習近平

米中貿易戦争を「アメリカと世界の戦争」にすり替える戦略

７月にアメリカが３４０億ドル分の中国からの輸入品に対し25％の追加関税を課す制裁措置を発動したのに対し、中国もただちにアメリカからの輸入品３４０億ドル分に同税率の追加課税の実施を発表、同等の報復措置に打って出た。

しかしその直後、アメリカはさらに２０００億ドル分の中国輸入品に10％の追加関税を課すという第３の制裁措置の発動準備に入ると発表した。これに向けて中国政府はしばらく、このさらなる制裁措置に対抗する具体的な報復措置を発表することはできなかった。

なぜなら、年にアメリカから１５００億ドル程度の輸入しかしていない中国としては、いくら頑張ってもアメリカと〝同等〟の報復措置を取ることは不可能であったからだ。

　こうした状況下、7月6日以降の一時期においては、中国側のとった対抗戦略の基本はアメリカとの正面対決の先鋭化を避けながら、国際世論の喚起による「アメリカ孤立化」と「連欧抗米」というものであった。

　中国はまず、中国とアメリカとの貿易戦争を「アメリカと世界との戦争」にすり替えることにより、国際社会の反米世論を喚起してアメリカの〝孤立化〟を図ろうとした。

　それは7月6日以降、米中貿易戦争に関する人民日報や新華社通信の一連の論評や記事のタイトルを見れば一目瞭然である。

・7月7日　新華社通信論評、「国際社会はアメリカの貿易覇権主義が世界経済を攪乱《かくらん》することを憂う」、人民日報「本紙評論員」論評、「アメリカ貿易覇権主義が全世界に害を与える」
・7月8日　人民日報論評、「アメリカによる貿易戦争の発動が世界に三重の危害を与える」
・7月12日　人民日報「評論員」論評、「アメリカは世界経済を〝衰退の陥穽〟に落としてはならない」

これらの中国メディアの論調は明らかに、アメリカの仕掛けた貿易戦争が「世界に害を与える」ことを強調することによって、国際社会の反米世論の高まりをうながそうとしたものである。

その一方で中国側は、中国こそが自由貿易の旗手であることを演じて、「世界人民」とともに反貿易保護主義の〝共同戦線〟の構築を目指した。

たとえば7月5日に中国商務部の報道官は「中国は断固として自由貿易を守る」と訴えたし、7月11日に外交部報道官は「これは保護主義と自由貿易との戦いだ」と強調した。

中国はここで、米中貿易戦争を「保護主義と自由貿易との戦い」にすり替えることによって「正義の味方」を演じ、国際社会からの支持を取り付けようとしたのであった。

国際社会のなかで中国がもっとも重視したのはEU、ヨーロッパ連合との連携であった。トランプ政権になってから、自由貿易か保護主義かという争点においてEUはアメリカとたびたび対立する状態にあったから、中国にとってこれこそ付け入るスキといえた。

7月4日、新華社通信が「中国は欧州と連携して貿易保護主義に抵抗すべきである」との論評を発表したのに続き、7月6日、中国の王毅《おうき》外相は「中国と欧州は共同ルールに基づく自由貿易体制を護《まも》るべき」と強調した。

7月10日、駐ドイツ中国大使はドイツ紙に寄稿し、「反保護主義は中国とドイツの両国にとって意義重大」と指摘した。

そして7月9日から11日、ドイツ訪問中の李克強首相はメルケル首相と会談し、200億ユーロ規模の貿易協定に合意する一方、発表された中国・ドイツ共同声明には「いかなる形の保護主義にも反対」との文言が盛り込まれた。

さらに7月16日、北京で発表された中国―EU指導者会議の共同声明においても、「保護主義反対」と訴えた。

以上は、アメリカが仕掛けた貿易戦争に対抗して、中国が展開した国際世論の喚起による「アメリカ孤立化戦略」と「連欧抗米戦略」の実態である。しかし結果的には、この2つの対抗戦略はほとんど成果を収めることなく失敗に終わった。

決して米中貿易戦争の当事者になろうとしなかったEU

まず「国際世論の喚起」に関しては、それはまったく中国側の一方的な願望であって、中国側が勝手に「喚起」しようとしたものに過ぎなかった。言ってみれば、空振り三振であった。国際社会はあくまでも、米中貿易戦争を米中間の争いだとみなし、高みの見物こそはすれど〝当事者〟になろうとする国は皆無であった。

米中貿易戦争において中国の肩を持ったりアメリカを批判したりする国は現れず、中国の「アメリカ孤立化戦略」は最初から不発であった。

次なる「連欧抗米」戦略もまったくの見当違いであることが露呈した。EUはアメリカとはたしかに対立する部分もあるが、だからと言って、ドイツにしてもフランスにしても、中国のために火中の栗を拾って「反米」に走ることはあり得ない。EUとアメリカの争いはあくまでも、同じ西洋文明国の間の「仲間内のケンカ」なのである。それが中国側には理解できなかった。

だから前述の中国・ドイツ共同声明にしても中国・EU共同声明にしても、一般論としての「反貿易保護主義」は盛り込まれたものの、いくらなんでも中国と連携してアメリカ批判をするような愚は犯さなかった。

7月25日、トランプ大統領は訪米中のユンケル欧州委員長との会談で、アメリカとEUとの貿易障壁の撤廃に向けて取り組むことで合意した。これによってトランプ政権は、中国が企む「連欧抗米戦略」を一気に粉砕してしまった。

失敗に終わった「連欧抗米戦略」と並んで、中国が展開したもうひとつの対抗戦略とは、貿易戦争で損害を受けるアメリカ国内の一部の業界や業者を焚《た》き付けることによって、反トランプのアメリカ国内世論を喚起することであった。

そのために人民日報や新華社通信は連日のように論評を掲載し、アメリカが発動した貿易戦争における本当の被害者は、アメリカ国内の農家や消費者、そして中国に進出しているアメリカ企業であると強調した。

そうすることによって、アメリカ国内の業界や圧力団体、一般消費者からの反対運動を煽り、それがトランプ政権の方針に変化を生じさせることに期待を寄せた。

しかしこの戦略もあまり功を奏さなかった。アメリカは民主主義国家であるから、トランプ政権の対貿易戦争に対し、さまざまな人々がさまざまな立場と思惑から批判するのは当然のことであるが、それはアメリカの一般的な世論には決してなっていないし、アメリカの財界もマーケットもあまりこの件を気にしていない。

貿易戦争の発動後、アメリカの株価もトランプ大統領の支持率もむしろ上昇していることがその何よりの証左であろう。

中国は当初、大量の大豆やその他の穀物を中国に輸出しているアメリカ農家の反発を期待していたが、トランプ政権が損失を受けた自国農家に特別補助金を出したことで、中国の甘い期待は打ち砕かれてしまった。

以上示してきたように、アメリカとの貿易戦争に対抗するために中国側が進めた戦略はことごとく失敗に終わった。

中国は体面を傷つけないでアメリカに大幅な譲歩する方法を模索するしかない

万策が尽きた感のある中国政府は、7月31日開催の中国共産党政治局会議を皮切りに、自棄糞《やけくそ》になったかのように、強硬一辺倒の姿勢に転じた。

まずは8月3日、中国政府は600億ドル相当のアメリカ製品に対し最大25％の追加関税を課す方針を発表した。これは前日に、アメリカが2000億ドル分の中国からの輸入品に10％の追加課税を課すという制裁措置を変更、税率を25％に引き上げたことに対抗する報復措置であった。

これを受け、アメリカの国家経済会議（NEC）のクドロー委員長は同8月3日、「中国政府はトランプ大統領の通商を巡る問題に対処していく決意を過小評価してはならない」と述べ、報復に打って出ようとする中国を強く牽制したが、一方の中国側は一歩も引かない姿勢を見せた。

8月4日、中国の王毅外相は記者からの質問に対し、「アメリカが貿易戦争を仕掛けてくるなら、中国は断固として反撃する」と強い口調で決意を表明した。

どうやら習近平政権は腹を決めてアメリカに徹底抗戦する方針のようであるが、本音は必ずしもそうではない。

たとえば先の「断固反撃」のような過激な台詞を王毅外相に言わせたものの、習近平国家主席や李克強首相を含めて、中国指導部に身をおく人物の口からそんな言葉はいっさい吐かれていない。

習主席自身は公の場で、米中貿易戦争に直接ふれることすらない。そして前述の王毅外相の「断固反撃」発言は、国内ではいっさい報道されず、あくまでも対外的なものであった。

習近平政権はここにきて、対外的に強硬な姿勢を示してアメリカに圧力をかけようとする一方、アメリカと再交渉して問題解決を図る余地を残そうとしているように思える。「断固反撃」を強調して虚勢を張りながらも、自らの体面を大きく傷つけない形でアメリカに大幅な譲歩をすることにより、貿易戦争に終止符を打とうとするのが習政権の本音であろう。

習近平が8月初旬から始まった非公式の「北戴河会議」で自らの足許を固められれば、体制を立て直したうえでアメリカとの再交渉に乗り出すのであろう。

2000億ドル分の中国製品に対するアメリカの追加関税措置が発動されるのは今年の9月であるから、その前に習政権は何とかしなければならない。それがいったん発動されて実施に移されたら、中国経済は破滅的な打撃を受けてしまうからである。

全面降伏か徹底抗戦か、習政権に残された最終判断の時間は少ない。いずれにしても、習近平はなんらかのアクションを起こさなければならない。決断のときは刻々と迫っている。

終章

高成長のツケを払う時代に突入する中国

地方政府と国有企業が堂々と債務不履行を断行する日がやってくる

年間GDPを上回る国有企業が抱える絶望的な債務

中国経済でここにきて特に注目されているのが国有企業、地方政府が抱える過剰債務の問題である。

政府当局によると、2017年末時点での国有企業の負債は108兆元に達したとされる。2017年の国内総生産（GDP）が約83兆元であったことから、国有企業の背負う債務だけで、全国1年間のGDPを軽く上回ったことになる。

別の言い方をすると、外資企業・民間企業を含めた中国国内のすべての企業が1年間にわたって生産活動を行い、そして全中国人民が1年間働いても、国有企業の債務を清算できないわけである。要は、国有企業が自力で債務返済するのは永遠に不可能なのだ。

地方政府の債務の膨張も深刻である。昨年7月末の中国財務省の発表によると、2016年における地方政府の債務残高は15・3兆元（約260兆円）。国有企業のそれを下回っているとはいえ、それでもGDPの約2割に相当している。

さらに深刻なのは、生産活動を行い利益を上げる可能性がある企業とは違い、地方政府はそもそも非営利組織であるから、債務返済のために資金を調達する手段は限られていることだ。

これまでは土地使用権を不動産開発業者や外国企業に譲渡する土地ビジネスでの収入が地方政府を支えてきたし、ときには中央政府が借金の肩代わりをしてくれたことで、地方政府はなんとか債務危機を乗り越えてきた。

けれども、このところの不動産市場の低迷で不動産投資が急減、地方政府の手に入る土地譲渡収入は大幅に減っているし、中央政府も財政難に陥っていることから、地方政府の負債を肩代わりする余裕はない。

このような状況は当然、いずれ深刻な金融危機を引き起こす可能性がある。だが、国有企業にしても地方政府にしても、莫大な債務を抱えているとはいえ、中国共産党政権にすれば政権を支える支柱であり、国家の成り立つ基盤でもある。

どんなことがあっても国有企業と地方政府をつぶしてはならないのは共産党政権の鉄則

であるから、いざとなれば、彼らは堂々と債務の〝不履行〟を断行し、金融機関が泣き寝入りを余儀なくされる可能性は大であろう。

数年後には世界最悪の韓国と肩を並べる家計債務の対GDP比

そうなると、国有企業と地方政府が抱える天文学的な債務は、いずれは回収不能な不良債権と化してしまい、金融機関を圧迫し、金融危機発生の火種となりかねない。

これは言ってみれば、中国経済にとり時限爆弾のようなものとなっている。

実はそれ以外に、最近注目され始めたもうひとつの債務問題がある。

家計部門の負債である。昨年9月末の当局発表の数字では、中国全国で家計部門が金融機関から借り入れた融資残高は39・1兆元であったという。

前述のように、昨年の中国のGDPは83兆元だから、簡単に計算すれば、中国の家計債務の規模はGDPの約半分に達している。もちろんその比率は60%台、70%台の諸先進国と比べれば決して高くはないし、95%にものぼる韓国の絶望的状況とは大きな差がある。

けれども、前述の数字はあくまでも家計が正式な金融機関から借り入れた融資残高から算出された比率だ。中国の場合、ヤミ金融などの金融業者からお金を借りている個人が結構多いから、それを加えるとGDPに占める家計債務の比率は相当高くなるはずである。

いちばんの問題は、近年、家計負債の対GDP比が急激に高まっていることだ。2007年には18・7%でしかなかったのが2016年末には44・1%にまで上昇した。そしてわかっている限りにおいて、昨年の1月から9月までの9カ月間では限りなく50%に迫ってきた。

この勢いでは数年後、中国における家計債務の対GDP比は末期状態と言われる韓国のそれと同じレベルになるのであろう。

なぜ家計債務がそれほど急増してきているのか？　家計債務の中身を見ればすぐにわかる。実は家計が金融機関から借り入れた融資残高39・1兆元のうち、21・1兆元は不動産ローンとしての借り入れであり、全体の半分以上を占めている。

つまり、各銀行の融資のかなりの部分は、個人の不動産ローンに流れているのである。たとえば2016年、全国の金融機関から企業や個人への新規融資の総額は12・65兆元であったが、そのうち個人向け不動産ローンへの貸し付けは5・68兆元、全体の45%にものぼっていた。

本来、金融機関の果たすべき最大の役割は、各産業部門に融資という名の「輸血」を行うことにより経済を支えることだが、中国の場合、年間の新規融資の4割以上は産業部門ではなく個人の不動産ローンに向けられている。これは世界経済史上、前代未聞の異常事態であり、中国の不動産市場があまりにも肥大化している現状を物語っている。

そして、家計債務急増の原因もまさにここにある。

家計債務の膨張が個人消費と家計支出を急減速させる

過去10年間、不動産市場が急拡大し、不動産価格が急騰してきたなかで、多くの家庭と個人は「住む」、あるいは「投資・投機」目的で、法外な価格を承知のうえで不動産を購入してきた。なかには2軒目、3軒目の不動産を購入した人も多くいたが、その際、大半の家計は銀行から不動産ローンを借り入れた。

中央政府と各地方政府もいっとき、不動産市場を活性化して経済成長を支えようと、個人による不動産ローンの借り入れを奨励する政策をとっていた。その結果、金融機関からの融資が個人の不動産購入に大量に向かった。と同時に、全国の家計負債もふくらむ一方であった。

当然ながら、このような状況は中国の金融にとり危険であり、中国経済全体にとっても深刻な問題である。

5兆元を上回る銀行融資が不動産ローンにあてられ、それが膨大な家計債務をつくっている状況下、不動産価格が大幅に下落、あるいは暴落する事態が生じる可能性は十分考えられる。

多くの家計、とくに投資・投機のために2軒目、3軒目の不動産を購入している家計は、債務が資産を大幅に上回るような状況となれば、実質上の破産状態に追い込まれよう。

そうなった場合、それら家計に対して金融機関が貸し付けたローンは、回収不能な不良債権となってしまう可能性大といえる。となると、ただでさえ企業債務と地方債務の不良債権化に脅かされている中国の金融機関はよりいっそうの窮地に陥るであろう。

家計債務が今後もふくらみ続ける可能性が濃厚であることから、中国の大半の家庭は借金漬けの状態になってしまい、個人消費と家計支出が急減速するのは必至だ。つまり、内需拡大どころではなく、中国経済の冷え込みと成長率の低下に追い打ちをかけることになるはずである。

今後の中国経済は、いつ到来するかわからない金融危機の発生に怯《おび》えながら、景気悪化に耐えていかねばならない。

企業債務に地方債務、そして家計債務は、中国のこれまでの急成長から生じた、いわば「ツケ」のようなものだ。中国は今後、ツケを払う時代に突入するわけである。

外資企業撤退がもたらす中国経済「6つの不安定」

市井の人々に広がる「消費降格」ブーム

今年7月以来、中国のネット上で大きな話題になっているのが「消費降格」だ。消費降格とは、「消費レベルを下げる」という意味合いである。

若者を中心とした多くのネットユーザーは最近、微博や各種の掲示板、コメント欄などで、外食・外出・服装の購入などを控えて節約に励んでいることを自嘲的に語る「貧乏自慢」や「節約術自慢」で大いに盛り上がっている。

8月23日、ニューヨークタイムズ中国版に、袁莉さんという中国人記者の書いた記事が掲載された。タイトルは「子供を産まない、デートはしない。中国は〝消費降格〟の時代を迎えたのか」だ。

中国国内での幅広い取材に基づき、都市部に住む多くの若者たちの消費性向の実態を、袁莉さんは次のようにリポートしている。

「若者の多くは日常生活において、タクシーよりも自転車、外食よりも自炊、バーでカクテルを飲むよりも自宅で缶ビールを飲み、出費の多いデートよりひとりでスマホをいじることを好む。そして人生の設計においては、一部の若者たちは未来の経済状況に対する不安から、子供を産むことを断念して、自らの老後のために貯蓄に励む道を選んでいる」

同記事は全国のさまざまなサイトに転載され、「消費降格」に関するネット上の議論はいっそう盛り上がった。

こうした風潮を反映してか、安酒の代名詞ともなっている「二鍋頭」という銘柄の中国酒のメーカーと、搾菜のメーカーが業績を大幅に伸ばして株価を上げた。そのことはまた、「消費降格」を現す象徴的な現象として注目された。安酒を飲みながら「ご飯に搾菜」というスタイルの食生活を送っている人が増えていることを裏付けているからだ。

即席ラーメンの消費量が増えていることも注目されている。

たとえば中国でとくに人気のある「康師傅」という銘柄の即席ラーメンの今年上半期の売上が前年同期比で8・4%も伸びたことも、カップラーメンをすすって食事をすます人が増えていることを裏付ける結果となった。

自動車市場の動向にも異変があった。今年7月、全国の自動車販売台数は前年同期比で4%減、前月比ではなんと16・9%も減少した。一部専門家の分析では、減少の傾向は今後も続きそうだという。

さらに8月下旬、国家統計局の発表によると、7月の百貨店やスーパー、インターネット通販の売上高を示す社会消費品小売総額が前年同期比で1・6%減、15年ぶりの低水準となった。「消費降格」はたんなるネット上の噂や人々の主観的な感覚ではないことが、客観的な統計数値によっても裏付けられた。

これは中国経済全体にとっては由々しき事態である。慢性的な消費不足は以前より中国の経済成長の最大のネックとなっていた。本書でも指摘したとおり、日本やアメリカの個人消費率はGDPの60~70%を占めるのに対し、中国のそれは37%前後でしかない。

消費が不足しているがゆえに、中国はこれまで投資と輸出の拡大で経済の成長を引っ張ってきた。しかしいま、国内投資の過剰と一帯一路の失敗により投資の伸びは大きく鈍化している。加えて、アメリカに仕掛けられた貿易戦争の影響を受け、中国の対外輸出は大きく減少すると確実視されている。

中国経済にとって唯一の生きる道は内需の拡大である。しかし現実を見ると市井の人々に「消費降格」ブームが広がっており、「内需拡大」とは真逆のベクトルに向かっている。中国経済は今後、絶体絶命の危機を迎えるのであろう。

安定を訴えるのは不安定であることの裏返し

今年7月31日、中国共産党は政治局会議を開き、現在の経済情勢に対する分析を行ったうえで、今後の経済運営の基本方針を決定した。

ここで示された経済運営の基本方針は「6つの安定」という言葉に集約されている。金融の安定、雇用の安定、対外貿易の安定、外資の安定、投資の安定、将来の安定の6つである。

そして政治局は全国に向かい今後の経済運営の喫緊の課題として、この6つを「安定させよ」と訴えかけた。

中国では昔から、共産党指導部や中央政府が「○○を安定させよ」と訴えかける場合、この「○○」は非常に不安定な状況となっていることを意味する。

したがって、前述の「6つを安定」の訴えの裏側には、いまの中国においては金融も雇用も対外貿易も外資も投資も、そして将来に対する人々の期待もすべて〝不安定〟になっている現実が潜《ひそ》んでいる。

まず、「金融の不安定」は、大変深刻化している中国国内の債務危機と大いに関係があろう。国有企業の負債額だけで108兆元に達しており、昨年の中国のGDP（国内総生産）の83兆元を大きく上回っている。深刻な債務危機がいずれ金融危機の発生を引き起こすのではないかとの懸念が高まり、政治局の「金融を安定させよ」につながったわけだ。「外資を安定させよ」はまた、中国経済が直面している深刻な問題のひとつである。しかもこれは「雇用の不安定」、「対外貿易の不安定」、「投資の不安定」をもたらす原因ともなっている。具体的には、近年顕著になってきている外資企業、とくに大手外資企業による中国撤退の動きである。

止まらない大手外資メーカーの中国撤退ブーム

たとえば今年に入ってからの外資撤退の動きをたどってみると、1月に世界3大液晶パネル製造会社の一角を占める台湾の友達光電份（AUO）が上海工場を閉鎖して中国からの撤退を始めた。

同じく1月、液晶用多層光学補償フィルムで40％以上の世界シェアを誇る日本企業・日東電工が蘇州工場の閉鎖を発表した。続いて、ハードディスクドライブ（ＨＤＤ）のメーカーである米シーゲイト・テクノロジー社も蘇州工場を閉鎖して生産機能をタイに移すことにした。

4月には、韓国のサムソン電子が広東省深圳市から撤退、関連生産設備をベトナムに移転することを決定した。

5月、日本のオリンパスは同じく深圳市にあるデジカメ工場の操業を停止したのと同時に、中国でのデジタルカメラ関連製品の生産から撤退すると発表した。

6月、日本の婦人服専門店のハニーズホールディングスは、中国からの撤退を発表した。同社は過去4年にわたって中国の不採算店舗の閉鎖を進めており、ピークの２０１３年に５８９あった店舗を今年5月末時点で１７９に減らした。それでも黒字転換の見通しが立たないため、今年9月末までに１７９店すべてを閉鎖する。

7月、日本のオムロンは江蘇省の欧姆龍精密電子（蘇州）の閉鎖と従業員の配置転換の実施を公表した。スウェーデンの自動車メーカーのボルボは、アメリカ市場向けＳＵＶ（スポーツ用多目的車）の「ＸＣ６０」の生産拠点を中国から欧州に移すと発表した。

このように世界の大手メーカーの中国撤退が相次ぎ、大きなトレンドとなっているわけだが、その原因をいくつか挙げてみよう。

最大の原因はやはり、中国国内における人件費とその他の生産コストの急騰である。2008年のリーマンショック以来、貨幣を濫発《らんぱつ》して経済を刺激することが中国政府の常《じょう》套《とう》手段となった。その結果、国内では過剰流動性が加速し、大変なインフレを引き起こした。インフレ経済のなかでは当然、人件費が大幅にはね上がり、原材料費、運送費、電力料金も上昇、企業の生産コストは劇的に上がり、企業経営を大きく圧迫した。

その一方、別の意味で経営コストとなる、外資企業の税負担は年々重くなってきている。外資企業を誘致した段階では、各地方政府は法人税の免除や軽減などの「優遇措置」を持ち出して誘致の餌《えさ》にしていた。

ところが近年では、不動産バブルが下火となり、地方政府の有力財源となってきた土地の譲渡ビジネスが振るわない。そんななか、多くの負債を抱える地方政府は外資企業に目をつけて「優遇措置」を取り消す一方、税以外のさまざまな名目でお金をしぼり取っている。

支払い拒否の対象となりがちな日本企業

生産コストの上昇以外に、経済の衰退にともなう中国全体の経営環境の悪化も、外資企業を撤退に追い込む原因となっている。

たとえば以前から、外資企業が中国国内企業を相手に商売すると、売掛金の回収は常に難しい問題となっていた。近年では経済全体が衰退しているなか、中国の国内企業の経営が悪化すれば、外資企業に対する支払いから逃れる動きが大々的に出てくるはずだ。

中国国内企業同士間で売掛金の支払い拒否が発生すると、相手からの激しい取り立てが予想されるのだが、外資企業（とくに日本企業）は一概におとなしいので、支払い拒否の対象となりがちである。

こうした環境下、外資企業の中国撤退はむしろ自然な流れであるが、それに拍車をかけるのは、中国に取って代わって東南アジア諸国がより魅力的な投資先となっていることだ。たとえば前述のサムスン電子の場合、中国進出の全盛期には中国国内で4万人の従業員を雇っていたが、現在は数千人のみ。その代わり、サムスンは東南アジアで全面展開し、14万人以上を雇用するまでに至った。

さらに今後、外資企業の中国撤退をさらに加速させるもうひとつの要素がある。米中貿易戦争である。これまで中国の対外輸出のかなり多くの部分を担ってきたのは中国国内の外資企業であったが、アメリカが中国からの輸入品に高い関税をかけることとなったからには、こうした外資企業も大きな損害をこうむるわけで、中国から出て行くことは現実の選択肢となってこよう。

たとえば、前述したスウェーデンのボルボの生産拠点の変更は、米中貿易戦争への対応策に他ならない。

本書のなかでもたびたびふれてきたが、外資企業の中国撤退が引き起こすのは失業問題である。現在、中国国内で外資企業によって創出されている雇用は約3000万人であるが、外資企業が大量に中国から撤退すると、とくに労働密集型の企業が撤退すると、多くの失業者が出るのは必至だ。

失業者の洪水は、国内の社会的不安を増幅させるだけでなく、内需拡大の足を引っ張り、経済衰退にいっそう拍車をかけることとなる。

そして前述のように、中国の対外輸出のかなり大きな部分を担っているのは外資企業であるから、彼らが中国から出て行くことは、中国の対外輸出のさらなる減少にもつながる。

この6つの不安定は多方面にわたり、中国経済に打撃を与えていくはずで、今年後半から来年にかけ、中国はいよいよ正念場を迎えることになる。

裸の王様にならざるを得ない習近平の無残

超低空飛行を続ける一帯一路プロジェクト

本書でも指摘してきたとおり、中国の内需は決定的に不足しており、それを補うために無理矢理ぶち上げたのが例の「一帯一路（海と陸の現代版シルクロード）」構想であった。だが、進捗状況は中国側の期待に反して、超低空飛行を続けている。

昨年1年間で、パキスタン、ネパール、ミャンマーで中国主導のインフラ建設案件が相次いで中止や延期に追い込まれた。そして今年5月末には、マハティールが首相に返り咲いたマレーシアが一帯一路の主要事業として進めてきたマレー半島高速鉄道建設の中止を表明した。

中国にとりショックだったのは、これが一帯一路の肝入りプロジェクトとされ、昨年8月に着工したにもかかわらず、中止の通告を受けたことであろう。

この一件で、当初は一帯一路への協力に積極的だった西側諸国も、ようやくこの壮大なる構想の危うさに気づいた模様である。

EU加盟国28カ国のうち27カ国の駐中国大使が、「一帯一路は中国に利するように設計されている」とする報告書をまとめているのはその証左といえる。

こうしてアジアのみならずユーラシア大陸全体に中国主導の投資プロジェクトを展開していくはずだった一帯一路は、アジア諸国とEU諸国の両方からそっぽを向かれ、四面楚《しめんそ》歌《か》の状況に陥っている。

一帯一路がこのような大失態を演じている事実は、中国国内ではほとんど報道されていない。それどころか、以下のような一帯一路の関連ニュースがメディアをにぎわせている始末である。

壮大なる茶番に明け暮れる習近平政権

6月末、上海国際映画祭で「一帯一路映画文化フォーラム」が催された。関係諸国の映画監督たちが一堂に会し、「一帯一路映画祭」の創設を討議した。

同月、「一帯一路・シルク文化の旅」と称するイベントが中国の黒竜江省、深圳市、香港、マカオなどで同時開催され、多くの芸術家たちが一帯一路をテーマにした舞台や作品を披露した。

そして江西日報は、江西省サッカー協会がタイやイランなど6カ国からサッカーチームを招き、「一帯一路国際サッカー親善試合」を開催する、と報じた。

このようなニュースを目にして、筆者は思わず噴き出してしまった。映画祭にせよ、文化の旅にせよ、国際サッカー親善試合にせよ、それらがユーラシア大陸でインフラ建設を展開する一帯一路となんの関係があるというのか。

多くの投資プロジェクトが中止や延期の憂き目に遭い、一帯一路が開店休業状態となっているなか、中国当局はなんとかして「やっている感」を演出するために、無理矢理イベントを開催、一帯一路に関連づけて中国国民の目を誤魔化そうとしているのだろう。

鳴り物入りの一帯一路はすでに本来の意味を失ってしまい、単なる〝茶番〟となりつつある。

そんななか、一帯一路の提唱者である習近平が壮大なる茶番劇に登場した。

6月7日、習は北京の人民大会堂でカザフスタンのナザルバエフ大統領と首脳会談を行った。この会談において、ナザルバエフ大統領は一帯一路にほとんどふれていないのに、習は熱心に吹聴した。

「一帯一路が積極的な成果を上げた」と自画自賛したうえで、「成果を上げたのは世界の潮流に順応したからだ」と成功の要因まで分析してみせたのである。

もちろん、彼の発言は虚言でしかない。先に解説したように、事実はその正反対である。一枚看板の一帯一路が大きく挫折しているなか、習近平は結局、自らの体面と威信を保つために公然と虚言を吐くこととなっているのだ。

ようするに彼は、自らが裸であることを承知していながらも「裸の王様」を演じていく以外にないのである。

体制側の知識人が決死の批判

本書を締めくくるにあたり、中国の知識人からも強烈な習近平批判がなされている事実を紹介しておこう。その急先鋒が体制側の人物であっただけに共産党をあわてさせたようだ。以下は今年7月30日に報じられた産経新聞支局の藤本記者の記事である。

タイトルは……「個人崇拝は『知能レベル』低い」習近平主席の母校の教授が個人崇拝

批判　異例の事態……である。

【北京＝藤本欣也】中国の習近平国家主席の母校、清華大の教授が7月下旬、指導者への個人崇拝を厳しく批判し、国家主席の任期復活や天安門事件の再評価を要求する論文を発表、中国内外で波紋が広がっている。体制側の知識人が中国共産党指導部に〝反旗〟を翻すのは異例の事態だ。

発表した清華大法学院の許章潤教授（55）は安徽省出身。西南政法大を卒業後、オーストラリアのメルボルン大に留学し法学の博士号を取得した。

7月24日、北京の民間シンクタンクを通じてインターネット上に公開した論文で、許氏は「国民は今、国家の発展や家族の安全に対し途方に暮れている」と指摘。3月の全国人民代表大会（国会に相当）で国家主席の任期を撤廃した憲法改正などを問題視した。

任期撤廃に関しては「改革開放（の成果）を帳消しにし、恐怖の毛沢東時代に中国を引き戻し、滑稽な、指導者への個人崇拝をもたらすものだ」と非難。任期制に復帰するよう求めた。

特に、指導者への個人崇拝については「まるで時代遅れの強権国家のようだ」「今すぐブレーキをかけなければならない」と主張。「なぜこのような知能レベルの低いことが行われたのか、反省する必要がある」と痛烈に批判した。

さらに1989年に大学生らの民主化運動を武力鎮圧した天安門事件に関し、「今年か（発生30年を迎える）来年の適当な時期の再評価」を要求。「これらのことは現代政治の一般常識であり、国民全ての願いだ」と党に再考を促した。

許氏の論文について、天安門事件で失脚した趙紫陽《ちょうしよう》元総書記の側近だった鮑彤《ほうとう》氏は賛意を示す一方、許氏の安全を危惧している。

現在、中国本土では許氏の論文がネットで閲覧できなくなっている。

中国では最近、習氏への個人崇拝に対する批判が表面化している。5月にも名門、北京大で「毛沢東は個人崇拝を推し進め…人民は無数の災禍を経験した」「習氏は個人崇拝を大々的に推進している…警戒を強めるべきだ」などとする壁新聞が出現、関心を集めた。

著者略歴

石平（せき へい）

評論家。1962年、中国四川省成都生まれ。北京大学哲学部卒業。四川大学哲学部講師を経て、1988年に来日。1995年、神戸大学大学院文化学研究科博士課程修了。民間研究機関に勤務ののち、評論活動へ。2007年、日本に帰化する。著書に『私たちは中国が一番幸せな国だと思っていた』『冗談か悪夢のような中国という災厄』（ビジネス社）、『なぜ中国から離れると日本はうまくいくのか』（PHP新書、第23回山本七平賞受賞）、『なぜ中国は民主化したくてもできないのか』（KADOKAWA）、『私はなぜ「中国」を捨てたのか』『最後は孤立して自壊する中国』（ワック）など多数。

編集協力：加藤鉱

アメリカの本気を見誤り、中国を「地獄」へ導く習近平の狂気

2018年10月11日　第1版発行

著　者　石平
発行人　唐津 隆
発行所　株式会社ビジネス社
〒162-0805　東京都新宿区矢来町114番地　神楽坂高橋ビル5階
電話　03(5227)1602（代表）
FAX　03(5227)1603
http://www.business-sha.co.jp

印刷・製本　株式会社光邦
カバーデザイン　大谷昌稔
本文組版　茂呂田剛（エムアンドケイ）
営業担当　山口健志
編集担当　本田朋子

ISBN978-4-8284-2057-8

ビジネス社の本

私たちは中国が世界で一番幸せな国だと思っていた

わが青春の中国現代史

石平・矢板明夫……著

定価　本体1300円＋税

ISBN978-4-8284-2031-8

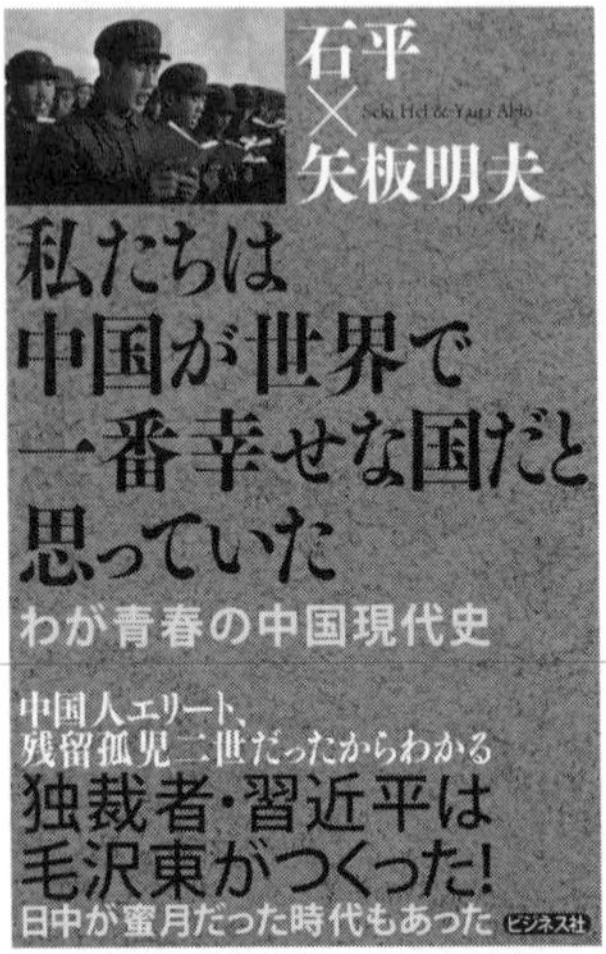

祝日に公開処刑をみるのが民衆のストレス発散だった――

◎情報統制で自分の親戚が餓死したことも秘匿された
◎三人兄弟でズボン一つ、五人家族で布団が一組
◎無実の両親を密告した息子が英雄にされた時代
◎数千万人が死んだ歴史を抹殺した中国共産党
◎「毛沢東が唯一した正しいことは自分が死んだこと」

本書の内容